A CURA PELAS METÁFORAS

Como libertar conflitos, superar desafios e encontrar a serenidade utilizando as metáforas

Dados Internacionais de Catalogação na Publicação (CIP)
Elaborado por Sônia Magalhães
Bibliotecária CRB9/1191

S631
2015
	Slaviero, Vânia Lúcia, 1962-
	    A cura pelas metáforas : como libertar conflitos, superar desafios e encontrar a serenidade utilizando as metáforas / Vânia Lúcia Slaviero. – 1. ed. – Curitiba : Appris, 2015.
	    150 p. : il. ; 23 cm
	
	    Inclui bibliografias
	    ISBN 978-85-8192-934-7
	
	    1. Cura pela mente. 2. Métafora. 3. Relaxamento. I. Título.
	
	                               CDD 20. ed. – 158.12

Editora e Livraria Appris Ltda.
Rua General Aristides Athayde Jr., 1027 – Bigorrilho
Curitiba/PR – CEP: 80710-520
Tel: (41) 3203-3108 -(41) 3030-4570
http://www.editoraappris.com.br/

Printed in Brazil
Impresso no Brasil

Vânia Lúcia Slaviero

A CURA PELAS METÁFORAS

Como libertar conflitos, superar desafios e
encontrar a serenidade utilizando as metáforas

Artêra
holística
Appris
editora

Curitiba -PR
2015

Editora Appris Ltda.
1ª Edição - Copyright© 2015 dos autores
Direitos de Edição Reservados à Editora Appris Ltda.

Nenhuma parte desta obra poderá ser utilizada indevidamente, sem estar de acordo com a Lei nº 9.610/98.
Se incorreções forem encontradas, serão de exclusiva responsabilidade de seus organizadores.
Foi feito o Depósito Legal na Fundação Biblioteca Nacional, de acordo com as Leis nºs 10.994, de 14/12/2004 e 12.192, de 14/01/2010.

FICHA TÉCNICA

EDITORIAL	Augusto V. de A. Coelho
	Marli Caetano
	Sara C. de Andrade Coelho
COMITÊ EDITORIAL	Andréa Barbosa Gouveia - Ad hoc.
	Edmeire C. Pereira - Ad hoc.
	Iraneide da Silva - Ad hoc.
	Jacques de Lima Ferreira - Ad hoc.
	Marilda Aparecida Behrens - Ad hoc.
ASSESSORIA EDITORIAL	Camila Dias Manoel
COORDENAÇÃO - ARTE E PRODUÇÃO	Adriana Polyanna V. R. da Cruz
DIAGRAMAÇÃO	Claúdia Carolina Reucher
CAPA	Sara C. de Andrade Coelho
REVISÃO	Camila Dias Manoel
WEB DESIGNER	Carlos Eduardo H. Pereira
GERENTE COMERCIAL	Eliane de Andrade
LIVRARIAS E EVENTOS	Milene Salles	Estevão Misael
ADMINISTRATIVO	Selma Maria Fernandes do Valle

GRATIDÃO IMENSA

* À minha família, Shirley, Glademir, Irma e Delfo, que desde a infância na total simplicidade da vida do interior... com os pés no chão e olhar para o céu... fez com que eu vivesse a grande metáfora da vida. A Liberdade de Ser.

* Orteniz Pazzini (autor das imagens do livro) por sua arte incrível, revelada em seus sonhos lúcidos. Ao retornar dos sonhos, simplesmente pinta em 10 a 30 min cada quadro aqui mostrado. Pinta em materiais reciclados... madeiras, telas, papel, chapas de compensado, OSB... um grande e enigmático artista contemporâneo recém descoberto.

* Allan Santos, que me ensinou a arte de criar metáforas ecológicas e terapêuticas.

* Robert Dilts e equipe, por me orientarem e incentivarem na minha missão de vida.

* Aos amigos que aqui compartilham suas metáforas: Daniel, Eliane, Eliane Xavier, Iracema, Guenther, Jane, José Augusto, Luíza, Monserrat, Murillo, Norma, Roberto, Ronaldo, Rosangili, Shely (sobrinha), e também aos mestres que sito neste livro com suas metáforas, parábolas... e inspirações.

* Agradeço ao Instituto Bom Aluno representado pela Psicóloga Maria Isabel Dittert e alunos Karen P. Froelich, Letícia Ferro, Pietro P. Giacometti e Thiago Stokker Dias.

* Maura Loires Diniz que comigo escreveu o primeiro livro de Metáforas onde muito aprendemos e nos divertimos nesta jornada magnífica da Programação Neurolinguística.

* Agradeço a esta Força espetacular que me inspira... chamada Deus.

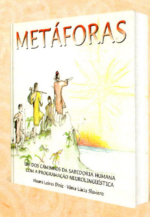

"Tudo vale a pena
quando a alma não é pequena".
Fernando Pessoa

PREFÁCIO

Era uma vez...

Quantas e quantas vezes em nossas vidas ouvimos essa frase, e com ela se iniciava também uma aventura...

As histórias estão presentes em nossas vidas sem nos darmos conta. Através dos tempos, acompanhando a evolução humana, as histórias sempre estiveram, estão e estarão presentes, adotando várias e diferentes formas, mas sempre histórias.

Poderíamos pensar na mitologia, em histórias de deuses e heróis, nas crônicas, histórias de reis, rainhas, príncipes e princesas, nas canções e poesias, contos de fadas, romances e ficção, registros oficiais e não oficiais de governos, religiões e os próprios livros sagrados. Lembremo-nos de mencionar também nossos jornais e revistas, contando-nos as histórias do cotidiano. E as histórias que adotam outras formas além da falada e da escrita, como os filmes no cinema e na televisão, as novelas e noticiários que permeiam nossa vida diariamente. Também não podemos nos esquecer do que ocorre ao nosso redor. O episódio do porteiro, aquela reunião no trabalho, as peripécias das crianças, as vizinhas comentando sobre suas agruras, as fofocas, comentários nos salões de festas, restaurantes e nos corredores dos edifícios.

Histórias de nossos pais, avós, familiares, vizinhos, amigos. A história de nosso país, de nossa cidade, de nosso bairro. O Brasil é considerado como único país com certidão de nascimento, a Carta de Pero Vaz de Caminha ao Rei de Portugal. Enfim, histórias que compõem nossa própria história. Nossa vida está permeada e recheada de história, e não nos damos conta disso, de que são histórias.

A nossa própria vida é uma história, a história de nossa vida, ou uma história construída ao longo dos anos feita de muitas pequenas histórias.

Que fascínio é este produzido pelas histórias sobre todos nós? Independente de quem seja basta ouvirmos algo como "era uma vez..." e pronto, lá está nossa atenção arrebatada para acompanharmos o que vem a seguir. Assim somos nós seres humanos, criadores e criaturas de nossa própria história.

Assim como essa história que agora se inicia...

... Em um tempo não muito distante desse nosso tempo e em uma terra não tão distante da nossa, dois jovens também iniciavam uma nova história. Uma história que começa a partir da curiosidade e intriga de John Grinder e Richard Bandler.

Richard, jovem estudante de Matemática e ciências da Computação na Universidade de Califórnia, campus de Santa Cruz. Para auxiliar seu orçamento, realizava alguns trabalhos para uma editora, gravando seminários de Fritz Pearls, fundador da Terapia Gestalt. Nesse trabalho, entrou em contato com uma nova forma de abordar os problemas humanos e conduzir processos de mudança. Esta experiência o deixa muito intrigado, pois em sua cadeira de Psicologia na universidade não estava aprendendo nada do que observava nos trabalhos de Fritz. Com espírito rebelde, comum aos jovens nesta idade, questiona seu professor sobre o tema, que lhe faz uma proposta: supervisionado por um professor da universidade, prepararia um seminário para apresentar aos seus colegas de classe o que sabia sobre aquele "mago" chamado Fritz Pearls. Este jovem professor era John Grinder, que pleiteava a cadeira de Linguística na universidade. Daí resulta um pequeno impasse, nem John, nem Richard eram formados em psicologia, nem tinham a intenção de ser terapeutas, porém tinham a curiosidade em saber o que Fritz fazia, e como fazia para ser tão eficiente e eficaz em sua forma de comunicar-se e assim ajudar pessoas nos processos de mudança. Decidiram por utilizar o modelo linguístico de Noam Chomsky para modelar Fritz. Eles registraram o fruto desta observação e estudos sobre os trabalhos e atuação de Fritz Pearls, em um livro chamado "A Estrutura da Magia", considerando marco de fundação da Programação Neurolinguística.

A PNL surge então como um instrumento de investigação e estudo da estrutura de funcionamento do ser humano. As informações recebidas através de nossos sentidos são registradas em nossa neurologia (Neuro), construindo assim, ao longo do tempo, uma base de dados que utilizamos como referência para pensar, sentir e agir em nossas vidas, em nossas aprendizagens (Programação) e que expressamos através da linguagem verbal e não verbal (Linguística).

E como estamos falando de histórias..., esta é mais uma das muitas histórias sobre a PNL...

Porém, esta fantástica capacidade de observação de Richard e John possibilitou-nos compreender um pouco mais sobre este fascínio que as histórias exercem sobre nós. Toda e qualquer coisa que ouvimos ou vemos irá estimular nossa neurologia e acessar experiências de referência que possuímos em nosso banco de dados, em nossos registros, ou nossa memória, como preferem alguns.

Tenhamos ou não consciência disto. Somos influenciados, de alguma forma, por tudo aquilo a que estamos expostos. Assim, se começo a escrever sobre bananas, você, que agora lê estas linhas, estará com uma, ou várias experiências sobre bananas em sua mente. Assim funcionamos! Para entendermos o que estamos vendo, lendo ou ouvindo, nosso cérebro vai buscar referências sobre o tema vivido pessoalmente ou ouvido em algum momento da vida.

É óbvio que muitas das coisas que ouvimos apenas passam por nós, não gerando nenhum tipo de influência, benéfica ou não. Mas existe uma qualidade de histórias, que estas sim, são construídas para levar algum tipo de ensinamento, de aprendizagem ou de sabedoria.

São as metáforas...

Desde os tempos mais remotos dos registros da existência humana, as metáforas têm sido utilizadas como uma forma de transmitir ensinamentos, educar, aprender, tratar problemas e realizar mudanças. Podem receber diferentes nomes como parábolas, fábulas, contos, alegorias, dependendo da forma em que se apresentam, mas todas têm algo em comum: transmitir alguma mensagem.

Este não é mais um livro de história, é um livro de metáforas. Leva em sua essência uma mensagem, um caminho para se vencer um obstáculo, uma dificuldade. Um caminho para se atingir um objetivo, para realizar uma mudança.

Convido você para desfrutar de cada uma das joias aqui contidas em um trabalho de garimpo feito com muito carinho e amor. Mesmo que você não se identifique com os obstáculos ou dificuldades endereçadas em cada uma das metáforas, desfrute-as. Cada viagem nos presenteia com aprendizagens pelo simples fato de viajarmos.

E por que não dizer que depois desta aventura,

...vivemos felizes para sempre!

Dr. Allan Ferraz Santos Jr.

Sumário

PREPARAÇÃO 13

ORIENTAÇÃO 14

SUGESTÃO DE RELAXAMENTO 16

"O MESTRE NA ARTE DOS MEIOS" 17

VIAGEM DIFERENTE.. 19

IRMÃE 22

MARIA 23

CONQUISTANDO ESPAÇO.. 24

AZUL OU ROSA???.. 27

"FÉ... É CONVICÇÃO". 29

UMA HISTÓRIA VERDADEIRA... 29

BAIRRO DO SOL... 30

DÓ SUSTENIDO 33

A MENINA E O PASSARINHO.. 35

SAGRES 37

MINHA HISTÓRIA DE AMOR.. 39

ALÉM DO HORIZONTE.. 42

MEU PEQUENO MUNDO DIFERENTE 44

VIAJANDO NO TEMPO... 46

HOMENAGEM A PORTIA NELSON.. 49

MISSÃO 50

CONFLITOS DE UMA INFÂNCIA.. 52

NEM TUDO QUE RELUZ É OURO 54

SIRENE CORPORAL 55

ERA UMA VEZ UM GATINHO 56

PENSAMENTOS SÃO COMO NUVENS..................................... 58

O SONHO DO PRÍNCIPE 60

EU SOU UM CAVALO... 61

TOPÁZIO ROSA... 65

QUEM SOU EU?... 68

A PROFESSORA E A FORMIGA... 71

GATO E CACHORRO 72

O CONSELHO DO MONGE 74

JESSIE 75

A CARAVELA 76

ERA UMA VEZ UM PESCADOR 78

PÉROLAS DA MESTRA MONSERRAT 82

ONDE ESTÁ O CÉU? 82

A BISAVÓ 84

ÔNIBUS AZUL 85

O CAMINHO DE VOLTA PARA CASA 87

TEIMOSIA DA MOSCA 88

ACONCHEGO ESPECIAL 89

DONA LAGARTIXA... XA 90

TRANS... FORMAÇÃO 93

A BORBOLETA DE DUAS CABEÇAS 96

METÁFORA NA ESCOLA: TROQUE UMA IDEIA E DIVIRTA-SE 98

PEDAGOGIA AFETIVA 99

DISCUTINDO A RELAÇÃO 101

Técnica da Libertação da Forma Pensamento (FP) 102

COMO TRANSFORMAR SENTIMENTOS, CONFLITOS, DORES... EM
METÁFORAS? 103

 A MORDAÇA 105

 A ONDA 108

 COTOVELO ENCANTADO 111

 À FLOR DA PELE 113

 A CHAVE MÁGICA 116

 A ÉGUA E O GARANHÃO 119

 A TEIA 122

 CÍRCULO DE LUZ 125

COMO ESCREVER METÁFORAS QUE CURAM? 128

AUTORES CONVIDADOS 145

Referências Bibliográficas 147

> *"A verdadeira liberdade só existe...*
> *quando existe a Consciência."*
> Vânia Lúcia Slaviero

PREPARAÇÃO

Estas metáforas foram escritas para clientes, amigos ou familiares... buscando ajudá-los em suas questões pessoais. Outras para Escolas ou Empresas.

Pessoas me procuravam e os momentos de suas vidas me inspiravam a retornar com metáforas. Metáforas corporais que se desvendavam a minha frente sendo uma porta aberta para a resolução.

As metáforas são escritas com a intenção de que cada um participe com sua própria experiência interna, como coautor.

Dentro de cada metáfora está embutida uma Sabedoria proporcionada pela experiência de cada Ser Humano e decodificada pela Programação Neurolinguística. Se quiser se aprofundar dentro da "teoria" desta ciência, encontrará no final do livro em "Estratégias da PNL", informações sobre o que utilizamos na composição de cada metáfora e algumas referências bibliográficas.

Lendo ou escutando as metáforas você perceberá em si mesmo, algumas alterações internas, como: ampliação da mente subconsciente e serenidade na mente consciente.

Uma forma de viver mais descontraída, acessando recursos internos... tornando-se mais feliz.

Experimente!!!

VAMOS VIAJAR PELO MUNDO DAS
INFINITAS POSSIBILIDADES EM SUA MENTE... TRANSCENDENTE!

*"O segredo é não correr atrás das borboletas...
é cuidar do jardim para que elas venham até você".*

Mario Quintana

ORIENTAÇÃO

Oriento quatro formas de leitura deste livro:

1. Ao ler as metáforas, silenciosa e relaxadamente... degustando cada viagem aqui vivida... somente para si... como um gostoso presente... no Presente.

2. Estudando "Estratégias da PNL" no final do livro, descobrindo a Sabedoria em cada Metáfora aqui escrita.

3. Lendo para alguém ou para um grupo. Neste caso sugiro preparar o ouvinte. Conduza um breve relaxamento seguindo: "Sugestão de Relaxamento". Em seguida leia a metáfora respeitando as pausas e tonalidade da voz. Escolha a metáfora de acordo com o seu objetivo no momento (ver "Estratégias da PNL" no final do livro).

4. Ler diretamente, sem preparação aparente, apenas modulando o tom de voz... iniciando com a frase mágica: Era uma vez... (e contar a metáfora)... deixar o silêncio ao final para que cada um tire suas próprias conclusões. Não induzir. Apenas acolher a viagem de cada um.

A leitura pode ser acompanhada ou não por uma música suave e adequada (apenas instrumental para não interferir no conteúdo: lembre-se de que os sons também evocam memórias e sensações, por isto é necessário que a música seja bem neutra ou adequada ao ouvinte). O relaxamento antes proporciona conexão e empatia (*rapport*) com o ouvinte.

A Linguagem Hipnótica Naturalista Ericksoniana foi utilizada na construção das metáforas. Portanto é necessário respeitar às Pausas de aproximadamente 3 (três) segundos indicadas por Reticências (...) e Pontos Finais.

As Ênfases estão em Letras Maiúsculas, indicando a importância da alteração de entonação e volume de voz. Ensaie antes de ler para um grupo. Tome intimidade com os personagens. Aproveite! Liberte-se!

Pérolas Preciosas

Estas metáforas podem ser utilizadas em dinâmicas de grupo, teatros, improvisações, leitura em sala de aula levando a **reflexões belíssimas e profundas** sobre os aprendizados experimentados.

SUGESTÃO DE RELAXAMENTO

Enquanto ouve os sons do ambiente... e a minha voz... você pode acomodar mais e mais o seu corpo confortavelmente. (pausa)

Muito bem... também pode ir percebendo a respiração natural e espontânea... sentindo cada parte de seu corpo. Sinta a testa... os olhos... ouvidos... boca... e relaxe... permita que seu rosto fique mais e mais sereno agora...

Sinta o movimento suave do seu corpo enquanto inspira... e expira... sentindo os ombros e as costas... soltando-se mais e mais...

Sinta o quadril... as coxas... pernas... e dedos dos pés... continue respirando calmamente...

É como se um suave relaxamento envolvesse TODO o corpo... até os braços e mãos...

Enquanto continua sentindo o seu corpo de forma mais agradável... a sua consciência interior se beneficiará com a história que lhe contarei agora...

"Contar metáfora escolhida... e... Finalizando"...

E em seu ritmo... volte para o agora... trazendo apenas sensações agradáveis deste momento... sensações de aprendizagem que o fortalecerão positivamente no seu dia-a-dia...

E cada vez mais no presente... movimente-se espreguiçando todo o corpo fazendo uma respiração profunda e revigorante...

NOTA: Sugerimos no final alguns livros e cd's que ajudarão a enriquecer a qualidade das conduções de relaxamento.

"A vida merece algo além do aumento da sua velocidade".
Mahatma Gandhi

Era uma vez, faz mais de trinta anos, em um dos cursos de formação que fiz ao longo de minha vida... ouvi um conto que foi profundamente impactante para mim, principalmente por estar no início de minha vida profissional.

Não me recordo de quem ouvi essa história... creio que de Steve Andreas. Também não me recordo sua autoria, a partir desse momento e em todos os encerramentos dos cursos que ministro e agora... agradeço esta oportunidade de compartilhar uma história, que minha grande amiga Vânia abre para mim em seu novo livro. A história chama-se:

"O MESTRE NA ARTE DOS MEIOS"

Em um reino a mais de mil quilômetros daqui, em algum tempo que não se sabe precisar, existiu um grande mestre chamado, O Mestre na Arte dos Meios.

Alguns o chamavam de O Príncipe, outros simplesmente se referiam a ele como O Mestre. Em sua arte era capaz de recuperar a essência oculta de todas as coisas. A ele eram levados objetos muito antigos, onde as camadas do tempo se haviam depositado, ocultando assim a maravilha da obra original. Para isso utilizava de uma grande capacidade de criar ferramentas para, com muita paciência, ir desvendando pouco a pouco a beleza oculta pelas camadas do tempo.

Como sua fama ia para além das fronteiras de seu reino, a ele recorriam muitos discípulos para aprender a Arte dos Meios. Como todo discipulato, o caminho é duro e requer muita entrega e dedicação... assim muitos discípulos chegavam, mas poucos continuavam aprofundando na Arte dos Meios.

Durante uma jornada de trabalho, um de seus discípulos, em um momento de descanso, se aproxima do Mestre e lhe faz uma pergunta.

-*"Mestre, em que consiste a Arte dos Meios"?*

O Mestre, com toda a calma desse mundo, olha nos olhos de seu discípulo e diz:

-"Querido discípulo, vou responder à sua pregunta com cinco perguntas".

Nesse momento o discípulo se põe ansioso pensando que seria sabatinado...

-"Muito bem, minha primeira pregunta é: -você conhece a água"?

O discípulo se sente um pouco confuso com a pergunta, e, entre confundido e inseguro, responde ao Mestre...

-"Claro Mestre, claro que conheço água".

-"Muito bem"! afirma o Mestre. "Aqui vai minha segunda pergunta: -Você conhece a farinha"?

-"Sim Mestre, conheço a farinha".

-"E o sal, você conhece"?

-"Com certeza que sim, Mestre".

-"E o fogo, conhece o fogo"?

-"Mestre, claro que conheço o fogo".

-"Muito bem meu querido discípulo, aqui vai minha última pergunta: -Por que você mesmo não faz seu próprio pão"?

"Desconhecemos a Autoria".

"Um sonho que se sonha só,
é só um sonho que se sonha só,
mas sonho que se sonha junto
é realidade".
Raul Seixas

VIAGEM DIFERENTE

Conversando com uma pessoa outro dia... fiquei conhecendo uma história um tanto interessante.

Esta pessoa contou que certa vez estava às margens de RESOLVER alguns assuntos importantes, dar novos passos em sua vida e que percebia dentro de si... um certo desconforto em relação a isto.

Relatou que naquele mesmo dia tinha dormido com essa sensação e enquanto acomodava-se... um fato curioso lhe ocorreu... sua respiração cada vez ficava mais tranquila... seus olhos relaxavam... e aos poucos uma experiência conquistou sua atenção...

Em um grande Reino... havia uma pequena região...

Enquanto em OUTROS locais do mesmo Reino, havia desenvolvimento e progresso... nesta determinada região, a vida vinha se repetindo da mesma forma e há muito tempo... sempre os MESMOS COMPORTAMENTOS, sempre os MESMOS ACONTECIMENTOS...

Um Mago, habitante deste Reino... atento ao que ocorria, resolveu investigar O QUE acontecia nesta região.

Chegando ao lugar... percebeu que ali não existia o BRILHO e o AROMA que de alguma forma fazem parte dos outros lugares deste mesmo Reino.

Notou que seus moradores eram pouco CURIOSOS, talvez... por viverem restritos dentro do seu pequeno território.

O Mago então... amigavelmente se aproximou e conversou com algumas pessoas deste lugar... e estranhamente não perguntaram "QUEM ERA ELE"... " o que estava fazendo ali"...

Notou na voz e no corpo uma certa monotonia e falta de interesse... o que conferia aos habitantes DESTA REGIÃO... um ar de desânimo e uma sensação desconfortável... e percebia ao mesmo tempo que tinham suas próprias razões para serem assim...

Pensativo... o Mago perguntou-se:

-"*O QUE posso fazer pelos habitantes desta região? COMO posso ajudá-los a ter mais brilho... e ALEGRIA, preservando suas razões tão importantes e especiais?*"

19

Na percepção aguçada do Mago, a SOLUÇÃO parecia mais SIMPLES do que imaginava... pois o que sentia que eles necessitavam... já estava PRESENTE neste lugar...

Pediu então... para que naquele dia, o povo se reunisse durante o entardecer... e ali contou sobre OUTROS LUGARES, sobre o que pensava... sobre sua VONTADE em ajudar...

Como o Mago era de CONFIANÇA, quando ele sugeriu que os guiaria por uma VIAGEM diferente... o povo imediatamente "sem questionamentos"... aceitou a sugestão.

Na manhã seguinte... com os primeiros raios de sol... reuniram-se diante de um grande PORTAL existente neste local... e cada um, apreensivo porém confiante, levou em sua bagagem, como orientação do Mago... o que achava ESSENCIAL para esta jornada.

Começaram a viajar... e à medida que caminhavam... mesmo com o cansaço... uma espécie de curiosidade aumentava e animava cada passo...

Alguns mais lentos... outros rápidos. E foram ajustando os passos para que todos pudessem juntos caminhar. Diálogos internos preenchiam por vezes o silêncio:

- *"O que estou fazendo aqui? Para que tudo isto? Qual o sentido da vida?*

Conversavem e se aproximavam... A pergunta de um, era a resposta de outro... E assim continuava.

Em seu caminho, passaram a perceber o frescor perfumado do ar, o brilho do sol, o colorido das flores e da vegetação... tantos detalhes PRECIOSOS passaram a fazer parte de suas bagagens...

Uma sensação de bem-estar crescente... envolvia-os no PRESENTE.

Agora mais CURIOSOS com o universo que desabrochava... perguntaram ao Mago:

- *"Onde estamos?!?"*

- *"Que lugares são estes?!?"*

FELIZ pelo interesse demonstrado... o Mago respondeu:

- *"Estes lugares... assim como o SEU lugar, são cheios de maravilhas que estão ao alcance de nossos sentidos... todos são parte do mesmo reino... O SEU REINO."*

Alguns se surpreenderam... e outros sorriram, já entendendo as palavras do Mago.

A claridade do dia iluminava cada passo... e à noite... reunidos ao redor do calor agradável de uma fogueira... envolvidos como que em uma espécie de luz azulada...conversavam sobre suas experiências... suas descobertas... sobre como tinham a ILUSÃO de estarem limitados em seu modo de PENSAR E AGIR. Começaram a reconhecer o quanto a vida já lhes deu e o quanto MAIS ela lhes trará.

- *"A cada passo estou vivenciando mais e mais a liberdade de COMO e EM QUE direção quero ir"*... um deles comentou.

O Mago em cada dia de jornada, naturalmente permitia que o grupo pudesse ser conduzido por um do grupo... sendo substituído por outro... que ASSUMIA à frente... com discernimento e confiança...

Assim... em grande HARMONIA... o povo experimentava o RESPEITO... e a ADMIRAÇÃO... entre eles.

Chegando a um determinado lugar... diante do grande PORTAL... entreolharam-se silenciosamente... e com uma sensação de novidade mesclada com familiaridade comentaram:

-*"Mago, esta região parece ser tão aconchegante"*...

-*"Puxa, que perfume gostoso"*...

-*"Existe um brilho especial no ar... sinto-me PERTENCENDO"*...

Então, reunindo-se no PORTAL de entrada... ou de saída... sentaram-se em círculo novamente... todos BEM próximos, demonstrando cada um a sua satisfação. O Mago, feliz por ter também atingido seu OBJETIVO, com um sorriso falou:

-*"Agora... vocês estão diante do lugar de onde vocês partiram... entrem e mergulhem. Descubram O QUE vocês não haviam percebido antes... O PRESENTE. O que relembraram nesta viagem é algo precioso... poderoso... e de agora em diante faz PARTE deste lugar... da casa de vocês... de suas vidas..."*.

Surpresos, respiraram diferente... alegremente... como se quisessem memorizar esta experiência em cada uma de suas células... e o Mago continuou:

-*"Nesta jornada cada um trouxe em sua bagagem a consciência da LIBERDADE. Cada um pode ESCOLHER que caminho lhe trará mais FELICIDADE."*

-*"Veja, ouça e sinta a presença da VIDA dentro do SEU Reino. Desfrute e CONFIE... a Jornada continua"*.

Vânia Lúcia Slaviero

"Minha missão é amar a todos sem distinção".
Luíza Varisco

Irmãe

Era uma vez uma menina... que nasceu em uma cidade pequenina com muita terra vermelha, dois rios lindos: o Lica e o Ranchão... e que delícia era brincar ali, naquele monte de areião.

Ela ganhou nome de artista... talvez porque seus pais já intuíam que ali nascia um grande Ser.

Enquanto trabalhavam diariamente para o sustento da casa trazer... ela cuidava de todos sem nem mesmo saber o que fazer. Aos 7 anos de pé sobre o banquinho... no fogão a lenha já cozinhava, para todos com muito carinho.

–"*Nenê onde está você*"? Corria descobrir onde os irmãos haviam se escondido... na tulha de café... no pé de cinamão... ou no mamonal no fundo do quintal. – "*Meu Deus, mamãe está para chegar. Venham tomar banho... para com ela rezar*".

De muita inteligência se saia tão bem na escola que aos 14 anos, sozinha, partiu para outra cidade estudar e um dia a faculdade cursar. Com suas sábias palavras e muita simplicidade, iluminou o caminho dos irmãos... com olhos de ÁGUIA e muita intuição sabia qual a melhor direção.

Visionária... cansou da execução... se revelou ótima para a CRIAÇÃO.

Cresceu... se formou, casou e uma filha muito sábia criou. Mulher de valores essenciais, espiritual, ecológica, correta sem igual. Está sempre a procurar alguém para AJUDAR.

Se todas mulheres se inspirassem na simplicidade e qualidade de minha irmã Shirley Terezinha... com certeza aprenderiam como governar e se portar... como uma Nobre Rainha.

Vânia Lúcia Slaviero

MARIA

Esta é a história de uma Maria diferente...

Maria mulher simples... de família muito humilde... cresceu em meio a seus irmãos... na labuta do dia a dia... trabalhando para comprar o pão...

Maria cuidou de sua mãe que muito trabalhou até o dia em que ela ao verdadeiro lar retornou.

Guardava dentro de si as mensagens que sua mãe dizia, dia após dia:

- *"Meus filhos, lembrem que o que plantarem um dia colherão... trabalhem com honestidade, bondade e retidão. Escolha o que quiser fazer... mas seja sempre Você... Ser é melhor do que Ter".*

Maria cuidava da casa dos outros... cozinhava com tanto amor que até cantava... Maria também namorava, mas não queria casar... mas ter filhos sim. Como fazer? -*"Vou logo falando que o filho é para mim."*

Maria dois filhos gestou e educou com muito amor.

Trabalhando o dia inteiro... sem receber pensão... mas para ela isto não tinha problema não.

O momento em casa era tão especial que a educação de seus filhos era sensacional.

Meninos, depois homens... trabalhadores, inteligentes... e muito honestos... como a avó... e como a mãe Maria.

Todos queriam Maria... sua amizade, suas palavras, seu carinho, sua comida, tudo o que saia de Maria era com amor...

Maria era uma mulher sensível... sentia o que todos sentiam mesmo a distância... talvez por isto que orava e ajudava a todos... até os animais.

Maria não entendia porque tantas mulheres sofriam maus tratos e eram dependentes... Maria na sua simplicidade dizia:

- *"Para que sofrer? Quem tem um corpo e sabe varrer... tem trabalho até morrer. E o trabalho me faz mais feliz... e livre para viver".*

Maria... mãe de todos.

Uma mulher simplesmente especial... livre e independente... que na sua grandiosidade toca o coração de todos a quem atende.

Vânia Lúcia Slaviero
Homenagem a Maria que trabalha no De Bem com a Vida.

CONQUISTANDO ESPAÇO

Em um lugar bem próximo, foi descoberta uma montanha muito especial.

Nem todos sabem ao certo o que se encontra por lá... algumas pessoas contam histórias muito interessantes sobre esta montanha... dizem que é uma montanha cujo cume é o MAIS ALTO e MAIS RICO da natureza.

Certos viajantes já chegaram ao seu pico... e o interessante é que cada um deles deixa pelo caminho sinais de suas experiências.

Alguns Sábios dizem que estes sinais significam o rumo para a CONQUISTA de OBJETIVOS... e isto pode orientar, aqueles que estão em busca de SEUS objetivos.

Poucos se permitem fazer esta escalada... com exceção de algumas pessoas que MOTIVADAS por um forte desejo interno de autossuperação, autoconhecimento, resolvem ir ao ENCONTRO deste desconhecido.

E um grupo de pessoas com estas características... reuniram-se.

À medida que juntos se preparavam para esta aventura, detalhes foram conversados, metas definidas, planos traçados, e assim, cada vez mais, seus objetivos tomaram forma, clareza e significado... e a certeza da PRECIOSIDADE de se realizar esta caminhada se fez presente.

O momento da viagem chega... e um ÚNICO acorde pulsa animando seus corações.

Tudo foi planejado com Sabedoria... proporcionando CONFIANÇA... ENTUSIASMO e MOTIVAÇÃO para o início do novo caminho...

E ao pé da montanha cada um profundamente faz sua meditação.

Alguns pedem permissão à Natureza... outros AGRADECEM por estarem diante desta OPORTUNIDADE... um momento que só a essência de cada um pode decifrar.

A subida inicia... uma certa expectativa faz pulsar mais forte o coração.

Em alguns momentos... caminhos estreitos... que a princípio pareciam difíceis de se ultrapassar... mas com RESPEITO à natureza, aprendem a conquistar novos espaços...

Agora... mais UNIDOS vão penetrando pelas profundezas da natureza... surpreendendo-se com o que vão encontrando... belezas diversas... e desafios de diversos tipos... e quanto MAIS desafios MAIS Sabedoria e agilidade vão surgindo.

A cada conquista, a Montanha se revela surpreendente... rica... misteriosa... sensações cada vez mais PRESENTES.

Cristais de diversas formas e tamanhos reluzem pelo caminho... aromas envolventes de inúmeras espécies de flores... águas transparentes... sons dos mais encantadores... anunciam o quanto se está próximo da GRANDE META...

O coração pulsa... agora de um jeito diferente...

E diante de uma clareira... na busca de SERENIDADE, resolvem descansar... acomodam-se em círculo, enquanto perguntas CURIOSAS afloram dentro de cada um:

- "COMO será o alto da montanha"?

- "PARA QUE eu quero chegar lá"?

- "QUEM serei EU ao conseguir o que TANTO quero"?

- "O QUE acontecerá depois"?

- "O que SIGNIFICA isto para mim"?

Perguntas e algumas respostas brotam em cada coração, dando de certa forma mais colorido a esta busca... e mesmo assim... sem todas as respostas... CONFIANTES vão indo em busca de cada uma delas, tendo a certeza de que... AGORA... olhando para o início da caminhada, quantas MUDANÇAS SIGNIFICATIVAS são reconhecidas.

No caminho ALGO havia se transformado... um NOVO tipo de PODER... haviam conquistado...

E ao olharem para cima... um deles comentou:

- *"Faltam somente alguns passos... já estou sentindo em meu coração"*...

E o grupo de um jeito particular acompanhava afirmativamente as declarações deste companheiro... como se sentissem algo semelhante.

25

Aquele que estava mais quieto até agora, exclamou:

-"Para mim o topo já alcancei, estou feliz... pois fiz amigos... e nunca senti meu corpo tão presente e vivo como agora"... se emocionou de alergia.

Outro falou:

-"Eu também sinto isto... é uma sensação muito agradável que me envolve cada vez mais... ahhhh... como é bom"...

Ficaram instantes em silêncio desfrutando...

É como se todos sentissem a respiração de cada um... a natureza tocando a pele... a vida percorrendo as veias como os rios puros e transparentes... sentiam a Presença da PAZ...

Quando perceberam JÁ estavam JUNTOS no alto da montanha...

Contam que a Luz nunca se fez tão forte... e envolvente... e ali com as mãos unidas... corações pulsando em uníssono... formaram um luminoso círculo AGRADECENDO... por já estarem vivendo o início da própria REALIZAÇÃO.

Vânia Lúcia Slaviero

Vem,
Te direi em segredo
Aonde leva esta dança.

Vê como as partículas do ar
E os grãos de areia do deserto
Giram desnorteados.

Cada átomo
Feliz ou miserável,
Gira apaixonado
Em torno do sol.

Rumi – Poemas Místicos

AZUL OU ROSA???

É estranho você pensar que óculos possam enxergar? E se eu falar, que estes óculos, têm duas lentes diferentes e que cada uma percebe as coisas que acontecem de maneira também diferente, pode parecer ainda mais estranho?

Bem! É uma história estranha que eu vou contar agora.

Era uma vez um par de óculos que enxergava. A lente do lado direito era cor-de-rosa e a lente do lado esquerdo era azul.

Era aquela confusão!!! Quando saiam para passear o lado direito via tudo cor-de-rosa... árvores... passarinhos... carros... pessoas... e o outro lado... jurava que tudo era azul...

Esses dois lados... apesar de terem lentes diferentes... eram amigos... e um se preocupava com o outro...

Já haviam discutido sobre como cada um enxergava diferente... e não conseguiam chegar a um acordo... um deles tinha certeza que tudo era rosa e o outro se concordasse estaria mentindo...

Num dia ensolarado, resolveram buscar ajuda de um especialista... e assim marcaram um horário com um oculista.

Chegando o dia tão esperado... quando o oculista perguntou o que estava acontecendo... ambos responderam ao mesmo tempo:

- *"Meu amigo não está enxergando bem"*...

Depois de um rápido exame... foi feita a prescrição e combinado um retorno após alguns dias.

A primeira parte do tratamento foi a inversão das lentes... o lado direito passou a ter lente azul... e o lado esquerdo, cor-de-rosa.

O lado direito somente agora pôde enxergar o céu azul... e o lado esquerdo ficou surpreso quando percebeu uma rosa cor-de-rosa...

Foram dias de novas descobertas, novos conhecimentos... e a amizade entre os dois lados do óculos... se fortalecia cada vez mais... AGORA se compreendiam melhor... e começaram a se questionar:

- "Quem é que não enxerga bem?"

Como estava combinado, voltaram ao oculista... e curiosos... até um pouco ansiosos por saber como este interessante tratamento iria continuar... chegaram bem antes do horário marcado.

Sem ter muito o que fazer, durante a espera, começaram a conversar com outros óculos que também esperavam pelo mesmo médico... e ficaram sabendo que as folhas podem ser verdes... que o sol pode ter um tom amarelado...

A curiosidade era tamanha... que sozinhos aprenderam a trocar as lentes... e o aprendizado... trazido pela conversa... passou a esplêndidas vivências...

Quando o oculista chegou... o tratamento já estava completo.

Que alívio!!! Alegres... perceberam que todos enxergavam bem, de acordo com as lentes que usavam no momento... e tranquilos aprenderam... que daqui para frente... podem ver o mundo de diferentes maneiras... basta trocar a lente...

Maura Loires Diniz

"O fraco jamais perdoa: o perdão é uma das características do forte".
Gandhi

"FÉ... É CONVICÇÃO".
UMA HISTÓRIA VERDADEIRA...

Em um Congresso de Programação Neurolinguística, um senhor que estava sentado no meio da plateia, solicitou o microfone para dar um exemplo sobre o que seria o "poder da mente" que estavam abordando naqueles dias.

E ele começou a contar ao palestrante e a todos o que havia ouvido do Mestre Zig Ziglar. Curiosamente disse que um funcionário de um trem ficou acidentalmente trancado em um vagão-frigorífico. Quando o homem percebeu que estava trancado começou a bater na porta e gritar sem parar, até ficar sem voz. O pânico foi tomando conta dele enquanto ele achava uma forma de escrever em um pedacinho de papel, uma mensagem:

-*"Estou morrendo congelado... talvez estas sejam minhas últimas palavras."*

Na manhã seguinte o corpo do homem foi encontrado congelado dentro do frigorífico... mas ao analisar a situação descobriram que o vagão frigorífico estava estragado há dias. A temperatura dentro dele era acima de 15° C.

Então o palestrante fez a pergunta a todos do Congresso:
-O que matou o homem? Foi o frio ou a sua própria convicção?"
Um grande silêncio se fez.

E assim ele lançou uma profunda reflexão para que todos meditassem alguns instantes:

-*"Quais são as suas maiores convicções"?*

Vânia Lúcia Slaviero

"Tenha coragem de ensinar o que você sabe, mesmo que pareça pouco. Pois o pouco para você, pode ser muito, para muitas pessoas".

Vânia Lúcia Slaviero

BAIRRO DO SOL

Vou contar uma história... uma história de algumas crianças... que moram no Bairro do Sol. Diziam que essas crianças não sabiam mais brincar de verdade. Algumas, às vezes, se sentiam mal... não gostavam nem da vida...

Umas chegavam a dizer que não gostavam de brincar... pois a *tv*, o celular, o computador, era o único objeto que elas queriam...

Umas diziam não ter brinquedos... outros não tinham vontade de brincar com seus brinquedos... e assim passavam seus dias...

Era comum encontrá-las sentadas... com os ombros caídos, olhos para baixo, cor esbranquiçada por falta de sol... muitas vezes conversando só pelo celular... teclando.

Um dia... um vovô bondoso... sabendo desta situação... resolveu reunir algumas destas crianças e aproximando-se devagar... fazendo amizade... convidou-as para conhecer uma FÁBRICA de brinquedos...

Trocando olhares... uma delas perguntou:

-"*O que nós podemos fazer lá? Nós não gostamos de brincar*"!

-"*Ah! É que esta fábrica é ESPECIAL... e provavelmente, cada um de vocês encontrará ali algo INTERESSANTE... um brinquedo que com certeza ainda não TENHAM tocado*"...

As palavras deste bondoso vovô... despertaram uma CERTA curiosidade...

E com permissão, cuidado e atenção, foi guiando-os... e em cada passo surgia uma nova sensação de CRESCENTE expectativa... parecia ÂNIMO... à medida que descobriam a fábrica surgindo à sua frente...

Era uma GRANDE fábrica... com detalhes e cores ESPECIAIS... assim como era especial também o SOM que vinha lá de dentro... tudo aquilo soava como um MISTÉRIO.

Ficaram ainda mais surpresos ao verem algumas crianças saindo dali... saltitantes... VIBRANTES...

E então curiosas entraram... UAU... era como um portal mágico.

O passeio lá dentro iniciou... parecia tudo igual... mas de repente algo estranho aconteceu. Entraram em uma sala que dizia:

"Aprendendo a Brincar"!

Mas ali NÃO HAVIA brinquedos!

Era uma sala diferente... suas cores, formas e aromas... fizeram com que cada um tivesse VONTADE de conversar consigo mesmo...

-"*O que faz com que eu não sinta vontade de brincar? Nem com os meus brinquedos*"?

Sentiam que dentro delas as respostas iam SURGINDO... e isto as motivava.

Lembraram-se das palavras do bondoso vovô e imediatamente uma das crianças perguntou:

-"*Onde nós poderemos encontrar aqueles brinquedos DIFERENTES de que o senhor falou*"?

E um interessante corredor se iluminou... levando-os até um local BEM amplo, que parecia estar envolvido por uma espécie de LUZ de cor especial...

Este local era diferente... causando ADMIRAÇÃO em todos... estavam diante de objetos que flutuavam no ar... eram de várias formas e cores... e pareciam estar envolvidos por um interessante som... que convidava ao movimento...

E eles ouviram e sentiram: -"*Vocês têm o TEMPO de que precisam para conhecer este novo espaço... do jeito que quiserem... descubram o quanto cada um de vocês pode se tornar CRIATIVO*".

Um sorriso brilhou no rostinho de cada uma dessas crianças... um olhar de esperteza e encanto com tantas novidades... e mais do que depressa... sentiram-se LIVRES para mais esta descoberta.

À medida que brincavam livremente, descobriram que estas formas e cores se TRANSFORMAVAM ao menor contato... ficavam ainda mais surpresas quando percebiam que... muitas vezes as TRANSFORMAÇÕES aconteciam com uma simples mudança de SEUS pensamentos (pausa) e também com um MOVIMENTO corporal espontâneo... -"*Que sensacional!...* e isto as mantinha MAIS E MAIS motivadas a continuar...

E ali ficaram por um gostoso tempo...

O bondoso senhor... percebendo nas crianças o AR da satisfação CRESCENTE... disse para cada uma delas que poderiam ali retornar SEMPRE que quisessem...

Ainda fascinadas, ACALMARAM-SE diante desta incrível possibilidade... que preencheu seus corações, quando descobriram onde estava o MAPA para ali retornarem quando quisessem. Estavam agradecidas por sentirem-se diferentes... e satisfeitas...

E enquanto caminhavam em direção à suas casas... perceberam o corpo mais animado, a respiração mais livre, o olhar mais alegre. Estavam vivos... com vontade de brincar mais e mais... fazer novas amizades... desvendar os mistérios de cada dia... em casa ou com os colegas... não importava o local.

Ao chegar em casa... foram em busca de seus antigos brinquedos que agora pareciam novos e perceberam surpresas que ALGO as convidava a brincar...

-"Que legal! Quantas brincadeiras diferentes posso inventar com meus brinquedos... e também com o MEU CORPO... basta eu respirar, pensar e me movimentar..."!

E o SOL ao despertar... também se pôs... a brincar.

Vânia Lúcia Slaviero

DÓ SUSTENIDO

Vou contar uma história... a história de uma nota só... que se chamava Dó.

Dó pulava de acorde em acorde e nada... voltava a ficar só... que dó...

Dó já estava cansada... suas músicas estavam sem graça... ela mal podia se ouvir...

Havia músicos que chegavam para tocá-la e cantá-la... e recolhida ela dizia:

 -*"Como podem gostar de mim? Só podem estar com dó de mim"*...

Já sem ritmo e desolada... até meio desencantada... Dó resolveu deixar a música... foi arrumar sua bagagem para pôr um fim nesta melodia... quando Fá... que vinha de Lá... rapidinho... ali veio cantarolar.

Fá falava bem baixinho... coisas que Dó quase nem escutava... e Dó enfim CURIOSA... aproximou-se ainda mais para ouvir do que se tratava.

Fá cantava o quanto Dó era uma gracinha... e Dó mal ouvia suas palavras... e pensava:

 -*"Estará zombando de mim"?*

Parece que no fundinho... Dó buscava ficar bem... da maneira que conseguia... coisas de uma nota que parecia gostar de ficar só.

Fá convidou Dó para um passeio... dançar e cantar na partitura de um maestro...

-*"Deus que me livre"!* -exclamou Dó -*"Não consigo fazer isto... Já pensou desafinar novamente"?*

E lá se foi recordando seu passado... quando desafinou em um concerto...

 -*"Oh! Que terrível sensação"!*

Fá ao perceber Dó cabisbaixa... e como se adivinhasse o que ela estava pensando, falou:

-"Você já cantou alguma vez bem afinado"?

E Dó pensando e repensando, nada conseguia recordar... ainda mais triste... e num tom baixinho... exclamou:

-"Sou um fracasso... nunca consegui agradar: Como podem me querer nas partituras"?

Fá com sua esperteza indagou:

-"Você pode se imaginar em algum momento no futuro, cantando do jeito que você sempre sonhou"?

-"Não posso sonhar... isto é impossível para mim".

-"Ora! Vamos lá Dó! Vou lhe ensinar como fazer isto. Vamos brincar de faz de conta. Primeiro lembre-se... você É uma nota musical... e a primeira de todas. Dentro de uma escala musical você tem sua real importância..."

E assim... Fá e Dó... continuaram a brincadeira de faz de conta.

-"De que música você gostaria de participar"?

Dó sem perceber já começava a lembrar da música... a curiosidade brilhava... e ela se movia como se estivesse fazendo parte da música... sentindo-se mais CONFIANTE para continuar...

Fá percebe Dó envolvida por uma onda sonora... irradiada por Sol... fazendo-a sentir-se REALMENTE como um lindo DÓ SUSTENIDO.

O jeito que agora ela respira... expressa SEU SOM com muito mais vigor e energia... e com este novo ritmo... lembrou-se tranquilamente do passado... Lá... um momento que PASSOU... e superou. E envolvida pelos raios de Sol... sente... que FOI... É... e sempre SERÁ... uma nota muito IMPORTANTE em toda escala musical.

Soube que hoje ela tranquilamente interpreta e experimenta DIVERSAS músicas... no seu PRÓPRIO TOM... e todos aclamam... com GRATIDÃO.

Vânia Lúcia Slaviero

A MENINA E O PASSARINHO

Era uma vez uma menininha chamada Lisa, ela tinha 5 aninhos e era muito ativa. Certo dia ela e sua mãe estavam conversando na varanda da sua casa e de repente um lindo pássaro veio de encontro à porta de vidro. Ele vinha numa velocidade tão grande e voando tão baixo que o impacto seria fatal não fosse a atitude de Lisa.

Lisa correu e tomou o pássaro em suas mãos e como se estivesse a fazer uma respiração boca a boca soprou no biquinho do pássaro e surpreendentemente ele suspirou, mexeu a cabecinha, abriu os olhinhos e ressuscitou.

Como ele ainda não estava muito bem, Lisa perguntou à sua mãe se poderia cuidar dele e ela aprovou. Então compraram uma linda gaiola e Lisa dava carinho, água e comida... além dos medicamentos que o veterinário havia receitado.

Após alguns dias, a mãe vendo que o pássaro já estava bem, chamou Lisa para conversar.

Sentadas na varanda, no mesmo lugar, a mãe lhe disse:

- *"Querida Lisa, olhe para o passarinho. Como acha que ele está agora"?*

- *"Muito bem mamãe, nós cuidamos muito bem dele".*

- *"Verdade, disse a mãe. Porém, ele poderia estar melhor. Você não acha"?*

- *"Como assim mamãe"?*

- *"Você sabe por que ele se machucou"?*

- *"Não"! Disse Lisa.*

- *"Ele, como muitos de nós, procurava explorar tudo o que não conhecia, na esperança de conseguir alegria e aventura. Só que ele entrou num terreno desconhecido. Ele voou muito baixo e não viu que consequências isso poderia trazer. Felizmente apareceu você. Você não brigou com ele, não o disse que ele tinha voado muito baixo.*

35

Não o fez querer entender o que tinha acontecido. Simplesmente, cuidou dele".

-"É verdade mamãe e agora ele é só meu".

-"Lisa, agora chegou a hora de lhe dizer algo importante. Lembra que eu lhe falei que ele poderia estar melhor? Pois é, olhe prá frente, veja a mata, o ar livre, o céu azul. Como seria se ele estivesse fora desta gaiola? O que ele estaria fazendo agora"?

-"Não mamãe, você está louca? Depois de tanto cuidado? Se eu soltá-lo ele nunca mais voltará".

-"Você tem certeza disso"? Disse a mamãe.

-"Não, não tenho, mas fico com um aperto no coração só de pensar em nunca mais poder vê-lo".

-"Vamos fazer um teste? Experimente soltá-lo. Realmente ele pode desaparecer e nunca mais voltar, mas você cumpriu o seu papel e sabe que ele decidiu o melhor para ele. Ou ele pode lhe surpreender. Tente"!

A menina então pegou o passarinho em suas mãos e enquanto relutava em soltá-lo apertava-o tanto que ele bicava sua mão. E a mãe disse:

-"Olhe Lisa, você está machucando ele e ele para se defender bica vocçê a ponto de lhe ferir. Olhe bem para ele e lhe dê a liberdade, pode ser que ele a surpreenda".

E a menina, contrariada o soltou.

Na manhã seguinte ao acordar ela abriu a cortina e a janela e olhando para uma árvore próxima pôde ver, não só aquele passarinho, mas um bando deles. Todos estavam a cantar como se estivessem em uma orquestra, fazendo um *show* para ela.

Ela então se sentiu aliviada por ter todas as manhãs a presença de seus amigos que lhe vinham trazer boas energias e boas vibrações.

Muito tempo depois, Lisa estava com sua neta de 5 anos, sentada na mesma varanda e apresentava os seus amigos pássaros que a acompanharam por toda a sua jornada, sempre a cantar todas as manhãs.

Murillo Cezar Cucatto

"Amar é ter um pássaro pousado no dedo.
Quem tem um pássaro pousado no dedo sabe
que, a qualquer momento, ele pode voar."
Rubem Alves

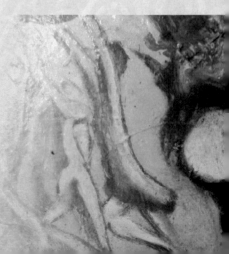

> *"É melhor conquistar a si mesmo do que vencer mil batalhas".*
> Buda

SAGRES

Veleiros de diversos tamanhos e de vários lugares movimentam-se sobre o Mar.

É o momento de um GRANDE acontecimento.

Sagres, um navio histórico... partirá brevemente, para o seu lugar de origem... no outro extremo do continente.

Este navio está de passagem neste porto... por um motivo de certa forma especial...

É um grande navio.

Do pequeno barco colorido onde estou... posso até confundir o branco do navio... com o uniforme dos marinheiros. A cor branca contrasta com o azul do céu... que naqueles instantes, é pincelado pelas tonalidades do pôr do sol. Este cenário é refletido no verde do mar.

Pelo movimento dos marinheiros... percebe-se habilidade e experiência... e isto dá aos meus olhos uma espécie de encantamento.

Junto comigo estão algumas pessoas que acompanham a história deste navio... há algum tempo... e talvez por isso... estejam ligadas a ele emocionalmente...

Ali tive a oportunidade de CONHECER um marinheiro, que já fizera parte daquela tripulação... por muitas e muitas viagens. A história do Sagres faz PARTE de sua história... e ele me confiou um de seus segredos...

> *– "Sinto-me dividido entre continuar seguindo viagem com este grande navio... ou ser responsável por um barco menor, participando assim, do cotidiano desta região".*

Enquanto observávamos o movimento e o som das ondas... continuamos a conversar... indaguei: *– "O que lhe acrescentaria seguir viagem com o Sagres?*

E ele refletindo respondeu:

> *– "Continuarei conhecendo novos lugares... novas pessoas... adquirirei mais experiências... de certa forma evoluirei".*

> *– "E o que poderá acontecer se você permanecer aqui"?*

Percebi em seu olhar uma profunda reflexão... e depois de um silêncio interior ele continuou:

> *– "Posso, através da experiência que LÁ adquiri... trazer para ESTA região mais recursos... mais progresso... e..."*

Refletindo surpreso continuou: *– "E... também evoluirei"!!!*

Olhou-me fixamente e começou a sorrir. Pelo novo brilho de seus olhos... SENTI o que ele havia compreendido.

Enquanto isto... este pequeno barco colorido impulsionado pela VONTADE de acompanhar de perto a partida de Sagres... atravessa o canal estreito do cais do porto... e ali... as pessoas procuram acomodar-se da melhor forma... para tudo observar.

E nos aproximamos mais do grande navio...

O Sagres emite o seu sinal de partida... adentrando sozinho no mar... descortinando uma a uma... suas doze brancas velas... desenhando no fundo azul do céu... um enigmático e envolvente cenário... que só a história da navegação sabe descrever.

Neste momento... uma indescritível emoção nos envolve... ao ouvirmos os marinheiros cantando o seu PRÓPRIO Hino... revelando que estão prontos para uma nova Missão.

Os veleiros e barcos que acompanham esta partida alvoroçam-se... assim como a expressão do marinheiro diante de SUA DECISÃO. Ele olha para o céu... para os círculos que os outros barcos deixam inscritos nas águas do mar... olha para o semblante das pessoas ao redor... e, principalmente, para DENTRO de SI... e com ENERGIA.. se ELEVA.

Acena para seus amigos do Sagres... e diz em tom forte... e INTEGRADO:

> *– "Boa sorte companheiros... um dia nos reencontraremos. Sejam felizes... como EU SOU".*

Vânia Lúcia Slaviero

História verdadeira que vivi em Moçambique na África

*"Há dois lobos lutando no coração
de um homem:
Um deles é o amor, o outro é o ódio.

-Qual deles vencerá?
-Aquele que você mais alimentar"...*

Adrianodellrock

MINHA HISTÓRIA DE AMOR

Havia uma menina que sentia dentro de si um vazio. Dizia não conhecer o Amor... e isso despertava a cada dia um grande interesse em conhecê-lo.

Uma voz a acompanhava:

-*"Sei que um dia o encontrarei"*.

Por causa deste especial interesse, um convite foi feito a ela:

-*"Você quer fazer uma viagem, talvez para muito longe, com o objetivo de encontrar o que tanto busca"?*

E ela decidida concordou.

-*"Para encontrar o que tanto quero... aceito o convite"*.

A voz e a mão amiga que lhe apresentava as passagens para este encontro, falava-lhe delicadamente do que ela poderia conhecer nesta viagem:

-*"Você poderá encontrar alguns lugares de difícil acesso... protegidos... por conterem preciosos conhecimentos. Então... estar RECEPTIVA e PRESENTE é muito bom... e poderá facilitar sua CRIATIVIDADE a superar estes desafios"*.

Na medida que a menina ouvia, uma curiosidade ia surgindo.

-*"Vai precisar de CORAGEM, pois você irá em alguns lugares onde falam outros idiomas e poderá, no início, ser difícil a compreensão"*. — Dizia o amigo.

A menina preparou-se, arrumou sua bagagem, livros orientando sua aventura, recursos suficientes para sua manutenção, passagens nas mãos e...

-"Lá vou eu, com muita FÉ no coração".

Quando ela percebeu já estava viajando e questionamentos interiores começaram a surgir:

-"Que LUGARES e QUEM vou conhecer"?

Atentamente buscava localizar-se em meio ao mapa que estava aberto em suas mãos. Olhava o céu azulado pela janelinha do avião... e continuava...

-"Será que um dia sentirei "O amor" por alguém em especial"?

-"O que preciso FAZER para encontrar o Amor?... Saberei reconhecer quando isto acontecer?... Então o que farei"?

E a viagem prosseguia tranquilamente... o que se podia perceber é que mesmo com a movimentação dos tripulantes... a atenção da menina estava quase que totalmente em seu questionamento interior...

-"Será que tenho CONDIÇÕES de conseguir este objetivo? Será que MEREÇO"?

E naturalmente uma esperança surgia... com a lembrança de que... se esta viagem lhe foi proposta... então seu amigo acreditava em sua CAPACIDADE e MERECIMENTO...

Só percebeu que estava pensando alto, quando ouviu sua própria voz:

-"Meu Deus, eu ainda não tenho certeza de que POSSO encontrá-lo"...

E neste momento percebeu... além dos olhares curiosos ao seu redor... que estes questionamentos não a levariam a lugar nenhum... sorriu relaxando um pouco mais...

A cada lugar novo que sobrevoava algo acontecia dentro de si... momentos antes do comandante avisar que estavam chegando.

Ao aterrissar percebeu que agora estava, em meio a um lugar desconhecido, e de uma forma talvez inexplicada... sentia-se JÁ fazendo PARTE deste desconhecido.

Procurou e encontrou um lugar confortável... acomodou sua bagagem e descansou...

No dia seguinte começou a andar e conhecer vários lugares... dias e dias... vales... montanhas... conversou com várias pessoas em diferentes idiomas, descobrindo novos jeitos de se comunicar.

Brincou, vasculhou cada recanto, usou sabiamente sua inteligência, de forma tão natural que em alguns momentos... esquecia o que a levara até este lugar...

Estava aprendendo a viver intensamente dia após dia... e o que era desconhecido foi tornando-se familiar.

40

Conheceu pessoas de todas as raças... serviu e foi servida e isto de certa forma dava a ela mais confiança. Uma certeza aflorava... a certeza de que sua busca estava tomando SIGNIFICADO.

Aprendeu a ser ÚTIL como nunca antes houvera sido... e esta ATITUDE presenteou-a com ótimos relacionamentos.

Em uma suave manhã acordou com uma nova reflexão:

-*"Para que quero um grande amor?"*

-*"Como me sinto bem neste lugar... não imaginava que encontraria tantos amigos por aqui... obrigada pela oportunidade... sinto-me diferente. Engraçado! Será que já estou perto do que vim encontrar"?*

Olhou ao seu redor... abriu a janela... viu e ouviu o canto de um lindo pássaro:

-*"Que cores mais belas... dizem aqui que este canto traz boas surpresas"!*

Seus olhos brilhavam... um rosado envolvia sua pele... como uma pétala aveludada... sua respiração suave e plena ia aquecendo seu corpo por dentro... sim... uma sensação no peito... uma VIBRAÇÃO.

Dançou... descansou na grama verde... e em uma forte expressão exclamou:

-*"Meu Deus... não tenho ninguém especial... mas tenho TUDO! Estou PLENA... me sinto amada e amando"...*

A natureza pela primeira vez aos seus olhos sinceramente transbordava encanto... o canto dos pássaros estava mais nítido aos seus ouvidos... sentia TUDO fazendo parte de seu corpo.

Começou a se dar conta que em qualquer lugar que direcionasse a atenção, o AMOR vinha em sua direção... e com isto conscientizou-se de que JÁ estava diferente...

A menina como nunca, sentiu o aroma do ar... tocou as pessoas, sorriu e olhou-as profundamente nos olhos... e em seu peito a agradável sensação continuava acontecendo... sentia-se como uma FONTE DE LUZ. Andando pelas ruas... pelos campos... foi experimentando essa nova revelação... aproximando-se de umas pessoas esta energia ficava MAIS forte... não importava quem era... sexo, cor, religião... adulto ou criança. A menina estava amando o mundo... e sentia-se também AMADA.

Reconhecia o que seu amigo dizia:

-*"Um dia você se sentirá PERTENCENDO... e esta é a chave para tudo"*.

Satisfeita... se sentia assim... e soube então que a hora que quisesse poderia voltar... pois esta CONQUISTA já lhe PERTENCIA.

Então voltou... e no caminho de retorno, seus pensamentos e sentimentos eram percebidos com maior clareza... sente agora o sabor da ALEGRIA. SABE que tem dentro de SI, a chave de uma PRECIOSA sabedoria. E enquanto sobrevoa sua terra natal... pouco antes de aterrissar, pensa com entusiasmo... em como COMPARTILHAR e TRIPLICAR este sentimento de AMOR PURO e NATURAL.

Vânia Lucia Slaviero

ALÉM DO HORIZONTE

Em um recanto muito próximo vive um pássaro de plumas brancas.

Sentia como se... em uma de suas patinhas, estivesse presa uma esfera de aço, que parecia ser tão pesada que o impossibilitava de voar livremente.

-*"Vejo minha vida pesada neste momento (suspirava)... mas sei que um dia voarei além dos meus limites"*. Cantava ele.

Esta certeza dava-lhe uma sensação de bem estar... que o fazia viver de certa forma... confiante... dia após dia.

Seus olhos profundos... viajavam pela imensidão do céu azul em pensamentos. O pássaro branco... imaginava lugares desconhecidos... que podem trazer GRANDES preciosidades.

Na redondeza... há um pássaro fêmea especial... entre vários outros... que ali voa prazerosamente. Este pássaro faz-se amigo e companheiro... pois voa dentro dos limites que o pássaro branco pode voar... e um faz o outro feliz mesmo que por pequenos momentos... enquanto trocam experiências.

O pássaro branco possui a esfera de aço por um motivo bem especial. Nestes voos baixos e rasantes... ele ensina pequenos filhotes a voar com MAIS segurança.

Existem também... pássaros ao seu redor que ainda não podem voar... ele então, serenamente... alimenta-os e canta o prazer que se encontra no ar. Estes pássaros sonham e voam em pensamentos... ouvindo as belas histórias do pássaro a cantar.

Os dias vão passando... os filhotes crescendo... e os pássaros que não podiam voar... vão se tornando independentes...

Na medida que estes acontecimentos se firmam... a sensação trazida pela esfera de aço... vai se dissolvendo e o pássaro branco permite-se voar um pouco mais alto.

Uma sensação agradável... gradativamente intensifica-se... e ele e sua companheira... podem juntos conhecer novos lugares.

Em um destes dias... o pássaro branco desperta e percebe que a sensação da esfera de aço, em sua patinha... não existe mais... seu corpo e sua alma respiram de maneira diferente... e uma NOVA sensação e expressão preenche-o.

Preparado para realizar o voo dos seus sonhos... sente o pássaro amigo se aproximar.

Eles se olham... e através de seus cantos... entendem que este voo de hoje... é o início dos voos com que tanto sonharam...

E se lançam livremente... para a vida desfrutar.

Vânia Lúcia Slaviero

"O Trabalho Dignifica o Homem".
Leocádio José Correia

"Eu Trabalho! E vou trabalhar até o último suspiro...
Jamais me aposentarei da VIDA".
Delfo Slaviero — Meu Pai com 83 anos

MEU PEQUENO MUNDO DIFERENTE

Como descrever um lugar cheio de vida, onde cores e luzes se envolvem em minúsculas criaturas. Onde o mais forte vence o mais fraco, onde quanto mais profundo eu vou, mais escuro fica? Olho ao redor e vejo os grandes recifes, incrustados de flores marinhas e criaturas vivas apegadas às suas paredes. Recifes cheios de reentrâncias e cavernas, onde uma multidão de peixinhos se escondem, nadando velozmente.

De repente, uma abertura clara e bem azul, onde espécies coloridas e delicadas parecem confundir-se com a luz.

Florestas submarinas se erguem balançando suas folhas, suas algas, fazendo um balé mágico e delicado, fervilhando de vida. Por onde eu nado, vejo vida, sinto a energia das águas, respiro o ar do fundo do mar.

Viver no fundo do mar, conviver com as criaturas existentes, sempre fazendo e refazendo todos os dias a mesma rotina. Nadar, buscar alimentos, encontrar os amigos, trabalhar na minha realização, eis a minha vida...

Sou uma sereia, me chamo Sissi. Moro em um paraíso de cores e diversidade de animais, vivo neste lugar maravilhoso. As águas transparentes revelam as diversas cores que emanam dos cantos e recantos que a natureza nos dá de presente.

Nado solitária, pois não sou como os outros que vivem em cardumes. Se sou peixe, ou se sou mulher, não sei, mas minha vontade é ser bela e encontrar um grande amor. Por que não? Sereias também amam e eu não sou diferente, quero amar e ser feliz.

Certo dia, passeando pelas águas tranquilas e cristalinas, ao olhar para cima, vi essa luz azul, clara como o dia, e percebi que estava bem próxima de sair das águas; com o coração cheio de receios, mas com a curiosidade mais aguçada ainda, subi mais e mais, e alcancei a luz, e me vi com meu corpo fora d'água, meu rosto refletido nas águas me deixando ver como sou.

Tudo aconteceu em segundos, o encontro com uma pessoa, para mim nada convencional, me deixou perplexa. Percebi que era um homem... bonito, com cabelos já pincelados pelo tempo, charmoso... tinha os olhos fixos em mim. Quase admirada, cumprimentei o estranho, deixando-o mais intrigado ainda. Sua fala demonstrava uma meiguice quase perturbadora, sua conversa irradiava um desejo inocente. Tudo se passou tão rápido como a paixão que se fez presente entre o meu coração e o do estranho.

Como ele se chamava? Não importava... contava suas aventuras deixando suas histórias parecendo mentiras ao vento; e eu ainda perplexa, escutava e admirava este ser maravilhoso aos meus olhos.

Comecei a sentir algo especial... parecia aquilo que falavam no mar sobre o amor...

Humm... e o AMOR em mim aconteceu.

A vida foi vivida em um instante, um momento especial. A lua já estava quase se pondo... e o som do mar me chamou... era hora de retornar ao meu lar...

Conheci a dor da despedida... a esperança de um novo reencontro. Quantas emoções os humanos sentem ao viver na terra... pensava em meus recantos.

Meu lado sereia saboreava livremente o que havia acontecido... e meu lado humano chorava como que por encanto. Saudades.

Nas minhas voltas em meio ao mar... na minha rotina oceânica... relembro em detalhes aquele momento tão especial. Como é bom ter memórias... amores para recordar...

Sinto-me viva para nadar... às vezes pareço voar... e a qualquer momento... quando me permitir mais uma experiência... na Terra regressarei... e quem sabe lá me encantar com imagens... aromas... sabores... e amores.

- *"Aquele mesmo amor encontrarei"?*

Quem sabe. Mas como a Sábia Sereia me ensinava...

- *"Querida Sissi... não importa quem seja... pois você atrairá de acordo com a sua ESSÊNCIA AMOROSA. É o som de seu coração que se reflete no encanto de seu olhar... e isto faz com que o outro a veja e se encante com o que você É de verdade".*

- *"Mas... como sei que estou fazendo certo Sábia Sereia"?*

-"Seja sincera consigo... continue servindo ao Mar... ame cada navegar... e ouça a sua intuição. Assim aconteceu uma vez e acontecerá muitas outras... pois quem vive o Presente com alegria... ganha SEMPRE... o grande PRESENTE".

E o coração de Sissi descobria neste instante, que esta sabedoria um dia, ela repassaria a outras sereias que começassem navegar em busca do amor...

E então se descortinou a sua frente o significado de sua vida... em meio ao mar. E aquela rotina deu espaço para um colorido de alegria e vida diferentes... percebeu em si quantas experiências vividas para compartilhar.

Eliane Valore de Siqueira

VIAJANDO NO TEMPO

Era uma vez um menino que sabia a arte de viajar no tempo.

E ele ensinava outras pessoas como fazer isto...

Ele dizia mansinho:

-"Convido você a ir se ACOMODANDO melhor... sentindo seu corpo... parte por parte... os ombros... o rosto... os lábios... testa... onde ali mora a tela mental... onde se pode imaginar tuuudo... o que quiser"...

E perguntava a todos se algum dia havia brincado com água e sabão... fazendo translúcidas bolhas... que servindo como prismas... tornam-se MULTICOLORIDAS... ou se já viram destas bolhas grandes ou pequenas... flutuando no ar em movimentos dos mais diversos... como uma dança.

Se fôssemos analisar o que vou falar... não parece lógico mas na imaginação TUDO é possível. Então convido você a fazer de conta, que de alguma forma toda PARTICULAR... está entrando em uma bolha especial.

E o que aconteceria... se você aceitasse fazer um passeio dentro dela... como um veículo onde ali tem TUDO o que necessita para passear tranquilo...

É uma experiência curiosa pensar que enquanto sente um conforto crescente... você pode flutuar...

E ela vai subindo lentamente... a uma distância agradável.

E quando você olha lá embaixo... vê um filme contínuo e cronológico: O seu passado... presente... e futuro.

Muito bem!

Agora você se vê exatamente no Agora... no PRESENTE... respirando e relaxando... (pausa)

Então, no seu tempo... comece a aproveitar este momento tão especial para ampliar seu bem-estar... começando a organizar um pouco mais o PASSADO...

Enquanto este veículo leve se movimenta... tranquilamente você vai assistindo o seu Passado que é rico em aprendizados... e talvez encontre um fato... no qual o resultado não tenha sido EXATAMENTE o que você esperava... mas que lhe trouxe aprendizados.

E eu fico com uma certa curiosidade para saber em que local do seu filme você pode identificar este fato.

E com sua sabedoria atual neste momento... você já pode estar olhando este fato de forma diferente... buscando tirar APRENDIZADOS (pausa)... e quem sabe até ressignificar e libertar este acontecimento...

Sinto uma curiosidade particular em saber COMO sua imaginação está fazendo isto... enquanto está dentro do veículo e pode ao mesmo tempo observar o céu acima dos olhos... repleto de inspiração.

Que conhecimentos DENTRO de você podem lhe auxiliar... ou quem sabe até mesmo imaginar-se RECEBENDO a visita de um SER ESPECIAL... para transformar aquilo... em algo bem melhor.

Preserve o que aquele acontecimento... em algum momento... lhe trouxe de bom... e LIBERTE tudo isto como bolhas mágicas de sabão... (pausa) e vai voltando para o presente mais livre e leve...

Tudo acontece naturalmente... enquanto o ar sustenta tranquilamente seu veículo leve e colorido... que agora vai desenhando belos movimentos no espaço... como se ALI existisse... uma melodia especial...

E então... neste momento... você está MAIS pronto para viver algo bem agradável... que é OLHAR o seu filme aqui de cima... de forma ainda mais criativa...

Localizando várias aprendizagens em sua história de vida... vividas por você ou talvez por outras pessoas... que lhe serviram de EXEMPLO... (pausa) que trouxeram também CORAGEM... e mais SABEDORIA.

Tranquilamente e sob o SEU comando... a bolha pode se aproximar ou se distanciar destas lembranças... e sinta-se à vontade para reviver mais situações FORTALECEDORAS... vendo... ouvindo... e sentindo-se cada vez MELHOR E MELHOR... (pausa)

E quanto mais fortalecido... MAIS apto você está... para LEVAR e ESPALHAR estes recursos por toda a SUA VIDA... como fótons de luz... para o FUTURO.

Como os neurocientistas afirmam... quando acessamos memórias construtivas e de PODER... tornamo-nos MUITO MELHORES... e quando nos ORGANIZAMOS... mais auto confiantes e serenos nos sentimos no PRESENTE.

E a medida que respira mais profundamente, esvaziando bem os pulmões... vai trazendo as boas sensações alcançadas neste momento... e CRIATIVAMENTE descobrirá maneiras de espalhar... daqui a uma semana... um mês... um ano... por TODO o seu futuro... estas sabedorias e sensações fortalecedoras. (pausa) Veja seu futuro iluminando cada vez melhor. Acredite. Você merece (pausa).

E no seu tempo... volte para este PRESENTE... AGORA... CONFORTAVELMENTE...

Desde já você acessa os benefícios aqui conquistados... lembrando que esse veículo mágico e colorido está e estará à sua disposição no momento em que QUISER repetir passeios semelhantes a este...

Ele é SEU... como o TEMPO também é SEU... e você pode CRIAR... INVENTAR infinitos jeitos especiais de EVOLUIR e se e TRANSCENDER.

Vânia Lúcia Slaviero

"Deve o homem entrar, cada dia, por meia hora, no silêncio de dentro e fechar todas as portas aos ruídos de fora".

Huberto Rohden

"É mais fácil desintegrar um átomo do que um preconceito".
Albert Einstein

Homenagem a Portia Nelson

Autobiografia em Cinco Capítulos

1) Ando pela rua.
Há um buraco fundo na calçada
Eu caio
Estou perdido sem esperança.
Não é culpa minha.
Leva uma eternidade para encontrar a saída.

2) Ando pela mesma rua.
Há um buraco fundo na calçada
Mas finjo não vê-lo.
Caio nele de novo.
Não posso acreditar que estou no mesmo lugar.
Mas não é culpa minha.
Ainda assim leva um tempão para sair.

3) Ando pela mesma rua.
Há um buraco fundo na calçada
Vejo que ele ali está
Ainda assim caio é um hábito.
Meus olhos se abrem
Sei onde estou
É minha culpa.
Saio imediatamente.

4) Ando pela mesma rua.
Há um buraco fundo na calçada
Dou a volta.

5) Ando por outra rua.

MISSÃO

Em um sítio no interior de Minas Gerais, um fato curioso aconteceu... o seu significado parece ser MUITO mais profundo do que se possa imaginar...

-*"Alguma coisa diferente acontece naquele sítio"* - dizem as crianças - dia após dia.

Um sapo pula tranquilo e CONFORTAVELMENTE entre as frescas e perfumadas ramagens de flores coloridas que enfeitam a cristalina lagoa. Nadando de uma margem à outra... sabe por onde passar.

E talvez você se pergunte:

-*"O que pode haver de tão especial neste fato"*?

Ah!!! É que AQUELE sapo, leva consigo em suas costas... de carona... um sapinho. E isto desperta MAIS E MAIS a curiosidade das crianças que ali costumam passar seus finais de semana...

-*"Para ONDE ele leva este sapinho"*?

-*"Para QUE ele faz isso"*?

-*"COMO eles conseguem viver assim"*?

Mais e mais perguntas surgem... e sentem que em ALGUM momento saberão as respostas.

O vento, no final do entardecer... traz até as crianças um CURIOSO som... percebem que é o coaxar do sapo... um coaxar DIFERENTE... como se ele estivesse cantarolando sua história...

Eles observam que bem cedinho... o sapo leva seu caroneiro a vários lugares, onde se alimentam... cochilam... parecem até se divertir...

Certo dia, as crianças resolveram chegar mais perto... cheios de indagação.

-*"Por que será que eles vivem assim"*?

Por quê... por quê... e com estes questionamentos... a curiosidade aumentava.

Uma das crianças, sem muito entender, chegando bem próximo... sensível e respeitosamente, o suficiente para que o sapo permitisse sua aproximação... delicadamente levantou o sapinho para ver o que poderia acontecer...

E para surpresa de todos...

-"Oh! O sapinho não tem pernas"!!!

Um silêncio significativo envolveu todo o lago... o sítio... toda a região... um silêncio que para as crianças parecia tomar conta do universo.

Podiam agora ENTENDER... o que cantarolava o sapo em seu coaxar.

Suavemente... ainda emocionados... colocaram o sapinho no mesmo lugar.

As crianças correndo foram para casa... alegres e agradecidas pelo que vivenciaram... e contaram o que haviam descoberto.

Seus pais... encantados... comentaram:

-"Meus queridos... a Natureza conhecesse as necessidades de todos os Seres... e nos DÁ diariamente TUDO o que necessitamos... e a SOLIDARIEDADE é a grande chave do BEM VIVER".

Vânia Lúcia Slaviero
História verdadeira que aconteceu em uma fazenda de Minas Gerais

"Quando abro a porta de uma nova descoberta já encontro Deus lá dentro".
Einstein

CONFLITOS DE UMA INFÂNCIA

Havia uma menina de olhos castanhos e cabelos negros... cacheados... mais parecia um anjo de historinha infantil...

Lá por volta de sua pouca idade... ela brincava em um pátio de terra roxa, onde acima o céu era quase anil.

Suas panelinhas, cheias de comidinha... comidinha feita de natureza... que para ela... alimentava e trazia toda felicidade que prometia existir...

Sua bonequinha de pano... sentada em uma pequena cadeirinha... embaixo de uma frondosa árvore... aguardava tranquilamente a hora de seu jantar...

A menina de olhos grandes de cor marrom, cantava uma linda canção... enquanto mexia em suas panelinhas... seu fogão feito de barro era precioso... cozinhava na medida certa os alimentos...

A mãe ali passava para ver o que estava acontecendo... e neste momento, a atenção da menininha dirigia-se para a sala de sua casinha. Nesta sala, criada pela menina... havia uma mesinha com um vasinho de flores... e ao lado, seus cadernos a esperavam... as letrinhas do caderno pareciam ter vida. Para os olhos da menina... elas saltavam... dançavam... e convidavam-na para vir ali, brincar de escrever. A menina sorrindo, parecia falar com as letrinhas:

- *"Já vou... quero acabar de cozinhar".*

Neste momento a menina percebeu que já estava entardecendo e algumas tarefas, no seu caderno... por terminar...

- *"O que fazer? Eu preciso cuidar da minha bonequinha"!*

E enquanto dava comidinha para a boneca... seus olhos inquietos se distraiam, olhando em direção aquelas letrinhas, que continuavam chamando sua atenção...

- *"Ah! Que Droga!! Não dá nem para fazer o que tenho vontade"!!!*

Então ela falou para boneca ir comendo sozinha... que ela, agora, tinha outras coisas, também importantes, para fazer.

E lá se foi, sentar junto aquela mesinha... pronta para sua lição... e quando começou a escrever... ouviu alguma coisa que lhe desviou a atenção...

- *"O que será que está acontecendo"?*

Olhou na outra direção e ouviu a boneca de pano... resmungando... querendo sua companhia.

- *"Agora sim é que não sei o que vou fazer. Oh meu Deus!!! Faço minha tarefa... ou cuido da minha boneca"?*

Era até divertido vê-la pensar... no meio do pátio andava de um lado para o outro... meio cabisbaixa a falar:

- *"Gosto tanto de cuidar da minha boneca... converso com ela... e a gente se sente feliz"...*

Encaracolando a ponta de seus cabelos continuava a reflexão...

- *"É tão bom fazer a lição... enfeito meu caderno... descubro coisas novas... percebo que depois da aula até brinco de jeitos diferentes... e me sinto também feliz".*

E neste momento ela parou... como se um silêncio profundo a envolvesse...

- *"Será que tenho que deixar uma dessas coisas de lado"?*

Foi quando a mãe, ouvindo o que a menina dizia... lá da janela sugeriu:

- *"Minha filha... quem disse que é preciso fazer isto? Você pode descobrir um outro jeito de sair deste conflito... desta divisão"?*

A menina de cachos... com seus olhos ainda mais espertos... olhou para a boneca que agora parecia sorrir... olhou para seus cadernos e as letrinhas ainda mais saltitantes, faziam-na refletir...

- *"E se eu colocar a mesinha perto da cozinha... e depois acomodar a cadeirinha da boneca ao lado da minha, enquanto faço a lição... posso cuidar da minha bonequinha E FAZER a lição"...*

Rapidamente começou a transformação...

Com movimentos mais ágeis e firmes... agora com bastante determinação... canta mais alto ainda revelando sua imaginação...

A mãe aparece novamente na janela... e ao ver o acontecimento... sorri alegre.

Um lindo quadro se forma... o entardecer traz uma brisa suave... as flores exalam o seu perfume... os passarinhos cantam alegremente nos galhos da árvore frondosa...

A menina agora está, sentada a escrever em seu caderno.

Um NOVO ritmo em suas MÃOS, revela sua NOVA sensação... em ver que ali estão sobre a mesa... seus cadernos... as letrinhas saltitantes e FELIZES... e a boneca, deitadinha ao lado a sorrir.

- *"O que mais eu quero? Nada! Agora SIM é que POSSO me divertir".*

Vânia Lúcia Slaviero

"O universo é autoconsciente através de nós".

Amit Goswami

NEM TUDO QUE RELUZ É OURO

Uma vez, estava andando pelas ruas do Rio de Janeiro, quando vi uma luz forte dourada, que me chamou a atenção. Parecia ser ouro.

Queria me aproximar, a luz não estava muito longe.

Estava quase chegando e percebi que aquela luz vinha de uma caverna.

Cheguei mais perto, o chão era úmido, suas paredes eram rochosas forradas com limo, o teto era feito de rochas pontudas e afiadas, existiam plantas, folhas, mas e a luz, o ouro?

Estava perto e quando percebi, me frustrei, era apenas uma gota de orvalho caindo em uma folha.

Com isso aprendi duas lições.

A primeira é:

- *"Se a gente ficar se iludindo com as coisas materiais (dinheiro) vai ser pior para você".*

E a segunda é:

- *"Nem tudo que reluz é ouro".*

Shely Slaviero Pazzini

escreveu com 12 anos

SIRENE CORPORAL

Era uma vez um corpo que estava sempre doente... vivia no médico e tomava tanto remédio até sem prescrição. Um dia quando transportado de um hospital ao outro... ouviu a sirene da ambulância que lhe dizia:

-*"Ei amigo... de novo... porque você não faz como eu"?*

-*"Como assim"?* disse ele achando que estava sonhando.

-*"Sim... você não vê que eu tenho um painel aqui na frente que está sempre a me sinalizar"?*

-*"Ainda não estou entendendo"!* meio dormindo o corpo falou.

-*"Veja, quando acende a luz do meu painel sei que algo preciso melhorar. Seja a bateria, o motor, o combustível, basta eu ivestigar. Se eu não parar e atender... poderei pifar e nunca mais lhe ajudar".*

-*"Humm... e eu também tenho uma luzinha"?* O corpo então perguntou.

-*"Descubra agora mesmo... o que aqui o levou".*

-*"Ah... senti dores e fui logo tomando um monte de remédio. Mas isto não é o certo"?*

-*"Raramente, corpo amigo, precisamos do remédio... porque a MAIORIA das VEZES podemos fazer algo MUITO MAIS NATURAL... já pensou nisto?"*

-*"Ahhh... um dia eu vi minha vizinha, dizendo que ela quando sente tensão ou dores, logo respira, ou bebe água... ou deita e relaxa... e o mal logo se vai".*

-*"Viu que sabedoria sua vizinha tem? Sabe ouvir e sentir suas luzinhas a piscar. Todos têm.. é só se calibrar".*

-*"Obrigada amiga sirene... vou logo me recuperar".*

Contam que este corpo aprendeu a se escutar.

E vive hoje brincando e ensinando a todos que querem a saúde conquistar.

Vânia Lúcia Slaviero

> *"Aprende-se pelo amor e consciência...
> ou pela dor."*
> Ditado Popular

ERA UMA VEZ UM GATINHO

Era uma vez... uma bela fazenda...

Os dias nesta fazenda eram mergulhados em variedades... e vou levar você para CONHECÊ-LA neste momento...

O sol agradavelmente aquece a terra deste lugar, dia após dia... e enriquece o alimento da família, que ali habita.

Leozinho, o caçula, tem um gatinho que gosta de comer passarinhos... ele é muito engraçadinho e seu nome é Mick.

Observando o dia-a-dia de Mick, Leozinho percebe que ultimamente o mesmo, vive um intenso conflito interno.

Normalmente, os pássaros, das mais variadas espécies, pousam nas árvores gigantescas que sombreiam a varanda, daquela bela casa.

Alguns desses pássaros têm por hábito se achegar mais perto das pessoas, que ali se encontram... e que lhes dão, amigavelmente, migalhas de pão.

Nesses momentos, Mick aproveitava-se da distração destes pequenos bichinhos e... NHACK... abocanhava seu alimento.

Fora assim por muito e muito tempo.

Assim como, por hábito, ele os abocanhava... em outros momentos... ele se debruçava ao sol, no avarandado e ali ficava... contemplativo, deliciando-se ao som do canto dos pássaros.

Leozinho começou a observar atualmente, que alguma coisa havia mudado... Mick apanhava, sorrateiramente o passarinho, para logo em seguida... soltá-lo. E ali ficava indeciso... momentos ia em direção ao ataque... e momentos mergulhava na melodia dos pássaros.

Leozinho, colocando-se na situação de seu bichano, sente este conflito tumultuando o seu coração... ambas as experiências lhe causavam prazer... o alimento deliciosamente saboreado e a melodia que o envolvia em deleite.

Leozinho questionou-se: -"O que fazer para acalmá-lo"?

Começou a trazer, diariamente, novos tipos de alimentos saborosos e cheirosos à varanda... nos momentos em que os pássaros ali se achegavam.

Mick parecia entender a mensagem de seu companheiro... e curiosamente COMEÇOU a experimentar aqueles alimentos. No início pareciam estranhos... hummm...

Mas para sua surpresa... foi descobrindo que só dependia do jeito que saboreava... e então sentiu que eram tão bons ou até melhores do que os pássaros.

Isto foi repetido durante algum tempo... até que percebeu algo novo em Mick. Ele já estava satisfazendo seu paladar enquanto seus ouvidos recebiam TRANQUILAMENTE... toda a melodia que os pássaros lhe ofereciam.

Leozinho observou, o quanto havia modificado a vida da fazenda.

Os pássaros cantam todos os dias... e juntos compartilham as migalhas de pão... e Mick... agora preguiçosamente... aninha-se junto a eles... desfrutando de TODO PRAZER que a vida tem a OFERECER.

Vânia Lúcia Slaviero

Minha primeira metáfora escrita em Caxias do Sul
em homenagem a minha amiga Inês e seu filho Leozinho - 1990.

"Que o teu alimento seja o teu medicamento e que o teu medicamento seja o teu alimento"!

Hipócrates

PENSAMENTOS SÃO COMO NUVENS

Pensamentos são como nuvens... procuramos formas nas nuvens... e encontramos.

Surpreendi-me em uma manhã... voltando da praia com a minha família e amigos... por uma estrada comprida... onde acima havia toda a extensão do céu, pincelado de múltiplas nuvens... se mostrando como um quadro sem dúvida... ESPECIAL.

E para ocupar o tempo... na espera do percurso pelo caminho... nossos olhos... contemplavam as nuvens que estavam acima de nós.

Começamos a observar... que as nuvens podiam adquirir formas... movimentos... e até identidades por nós criadas.

E então começamos a criar pessoas... algumas sérias... outras sorrindo... deitadas... de perfil... grávidas. Divertiam-nos estas imagens... e assim íamos seguindo nosso caminho...

Parecia que quando todos nós concordávamos com uma forma... mais forte ela ficava... como se colocássemos nossas energias juntas... e dava até a impressão que aquela forma... poderia naquele instante... ter vida... falar... se locomover.

E assim íamos imaginando!

Entre uma imagem e outra... havia no fundo, o AZUL do céu... e ali nossos olhos se aquietavam... sem criação... sem fantasia... apenas a PRESENÇA do SILÊNCIO...

E neste intervalo de tempo... e espaço... algo SERENO nos envolvia.

E então... como se estivéssemos ACOSTUMADOS a TER que fazer alguma coisa... procurávamos novas formas e identidades... às vezes nas mesmas nuvens...

Coelhinhos... macaquinhos... flores... pássaros. Quanta diversidade de criação!

O mais surpreendente é que existem nuvens bem suaves que logo passam... se desmancham... e o azul do céu logo reluz... aconchegante.

E tem nuvens que são pesadas... carregadas... cheias de água... e que precisam chover... às vezes até trovejar e relampear...

Nossa! Tudo ficou claro em minha mente.

Lembrei de alguns pensamentos que eram tão pesados... escuros... parecia até que tinham trovões e raios... mas que ao chorar... como se chovesse... me aliviava imensamente... e então minha mente voltava a ficar serena como o céu azul resplandecente.

Quanta semelhança meu Deus.

Veio-me a lembrança de um dia em que li as palavras de um mestre muito antigo que dizia:

- *"Assim como é em cima... é embaixo".*

- *"Os pensamentos povoam a mente... assim como as nuvens no céu. CRIAMOS a nossa própria realidade. Podemos criar... DESCRIAR... ou nada criar... e assim relaxei"!*

E JUNTOS continuamos a nossa DIVERTIDA viagem... desvendando o mundo das INFINITAS possibilidades.

Vânia Lúcia Slaviero

"Penso noventa e nove vezes e nada descubro.
Deixo de pensar, mergulho em profundo silêncio
e eis que a verdade se me revela".
Albert Einstein

O SONHO DO PRÍNCIPE

Era uma vez um príncipe que havia sonhado com algo que lhe fez sobressaltar no meio da noite. No dia seguinte imediatamente chamou o grão vizir para lhe trazer o Oráculo da Corte.

-*"Oh! Oráculo... decodifique meu sonho: Sonhei que meus cabelos haviam caído um por um... e eu ficava careca. Foi um horror. O que isto significa?*

-*"Oh! Majestade... uma desgraça! Sonhar com a queda de seus cabelos representa que todos seus familiares irão morrer e só o senhor sobreviverá".*

O príncipe ficou muito nervoso e expulsou o Oráculo da Corte. -*"Mas que absurdo".*

Ordenou que buscassem o Oráculo do reinado vizinho e lhe contou sobre o sonho.

O Oráculo muito atento, ouviu e se pôs a meditar. Depois de alguns instantes afirmou com convicção: -*"Mas que maravilha oh majestade! Muitas alegrias estão por vir. Este fantástico sonho quer dizer que o Príncipe terá vida longa, viverá além de todos os seus familiares".*

O Príncipe sorriu muito feliz e ordenou-o o novo Oráculo Fiel da Corte. Deu-lhe novas vestimentas, casa, tesouros... e festejaram com todos os reinados vizinhos.

E o Grão Vizir que esteve sempre por perto no momento de interpretar os sonhos, perguntou ao novo Oráculo Fiel da Corte:

-*"Mas o que você falou, foi a mesma coisa, que o outro Oráculo. Porque o outro ele expulsou e você ele nomeou?*

-*"Meu fiel amigo, aqui está o grande segredo, aprende para sempre se lembrar! Tudo pode ser dito... apenas depende de COMO você fala. As palavras são mal-ditas... ou bem-ditas".*

-*"Fale e seja a Verdade... mas sempre do jeito certo"!*

Vânia Lúcia Slaviero
Inspirado na sabedoria oriental

> "Algemas de ouro são muito piores que algemas de ferro".
> Gandhi

EU SOU UM CAVALO

metáfora ativista para consciência planetária

Meu patrão me comprou para sua filhinha. Chamo-a de "flor" porque é um encanto... de tão linda!

Quando ela sobe em minhas costas sou muito feliz... é o dia que brinco e sinto que sou amado. Neste dia logo cedo o meu cuidador me tira da baia... que delícia... neste dia me sinto livre.

Ele me escova e me deixa bonito... vejo o sol, e sinto a terra em minhas patas.

Rezo diariamente para este dia chegar... demoraaaaa... às vezes não chega! Sabe, sou um cavalo... preciso da natureza.

- *"Você não"?*

Bem, sou grande... e minha baia é pequena, fria e escura... não sei se você sabe, mas sou um dos animais que mais tem energia... por isso preciso correr.

PRECISO! Senão sofro muito!

Mas vou contar como vivo o mês inteiro!

Todos os dias estou na baia... fria e escura! Pequenaaaaa....

- *"Sabe porque? Porque meu patrão com sua adorável filhinha só vem brincar comigo 1 ou 2 x por mês".*

61

E por 1 a 2 horas somente... e depois o que acontece?

Vou revelar um segredo... leia com atenção. Aqui onde vivo é um haras, para que as pessoas que vivem em baias na cidade (apartamentos) possam ter um animal... como eu.

Então eu tenho uma baia alugada. Deve ser caro, pois os donos que vem aqui tem carrões e se vestem muito bem.

Meu cuidador não tem tempo para brincar comigo... me por no sol e me deixar liberar minha energia... pois somos em muitos cavalos aqui. Mas nem conheço os outros cavalos, pois não nos deixam conviver. Não sei por que!

Enfim... vivo dias e dias trancado... comendo... a comida é boa, mas a angústia é infinita.

Como eles não têm pasto na cidade... me compraram e me deixaram aqui.

Parece que o meu cuidador prometeu ao meu dono que iria me cuidar bem. Mas ele não tem tempo! Somos em muitos.

O que eu faço durante o dia e a noite? Como falei... fico na baia.

E para passar o tempo e a dor da solidão e da prisão...

Fico roendo a madeira, bato a cabeça na parede... grito... choro... tento pular, mas não tem espaço... meu espaço é muito pequeno. Mas não adianta.

Ninguém me ouve... pois somos muitos nesta mesma aflição... e a casa do cuidador é longe. Ele nem dá bola, já está acostumado. É estranho... as pessoas se acostumam com tudo.

Quando pedi para ele, porque ele nos trata assim... ele disse:

-"Somos em poucos aqui, não há tempo para soltar e passear com vocês. Só para dar comida e cuidar o suficiente. A vida dos cavalos é assim mesmo... só seguimos as leis"!

-*"Que leis"*? Perguntei.

-*" As leis escritas pelos homens sobre os cavalos".*

Desafie ele: -*"Você já experimentou ficar 3 dias preso assim? Sozinho"?*

-*"Deus me livre"*! Ele gritou e saiu correndo.

-*"Porque ninguém vem nos ver um pouco por dia? Não vem nos levar para correr na terra... porque meu Deus! Somos fortes, bonitos, amorosos. Porque nos tratam tão mal? Porque precisamos sofrer? Porque nos tiram a vida"?*

"Flor" não veio me ver por 2 meses... fiquei trancado! Foi muito difícil.

Achei que ia morrer nesta prisão de tanta solidão! Minhas pernas já estavam amolecendo. Não tinha mais vontade de comer... estava sem vigor.

Quando ela chegou eu estava desanimado. Não queria nem correr.

Então tive coragem de falar para ela como eu me sentia. E ela me disse que a vida dela é igual. Ela vive num apartamento bem pequeno e não tem espaço para correr... só brinca no sol e na terra quando vem aqui.

Perguntei: -*"Porque"?*

-*"Porque meus pais trabalham muito e não tem tempo".*

-*"Ah... sei o que é isto! Meu cuidador também não tem tempo".*

Choramos juntos. Então desabafamos e falamos o quanto somos felizes quando estamos juntos correndo, brincando, tocando um no outro... respirando o ar livre, suando... nos sentimos vivos!

Mas parece que os adultos não entendem nossa necessidade... pois eles estão hipnotizados.

Ao me despedir da "flor" olhei profundo para meu dono e com dificuldade perguntei:

-*"Para que você me quer"?*

E ele respondeu:

-*"Para dar alegria à minha filha".*

Hesitou e depois me falou de forma muito direta:

-*"Você é uma poupança. Posso lhe vender a hora que eu quiser por um bom preço. Além de nos dar um bom status! É um brinquedinho valioso para minha filha"!*

Senti meu coração explodir em dor... e naquele dia olhei para minha pequena "flor"... e disse: -*"Adeus...um dia nos reencontraremos"!*

E nossos olhos da alma neste momento marcaram um mágico encontro.

Sabia que em breve me despediria do que aqui chamam de vida! Meu corpo perdeu o seu vigor! E a "flor" murchou... e naquela noite descansei!

Vou contar mais um segredo... tenho um final feliz para esta história.

Sabe, agora sou muito feliz... renasci... hoje sou um gatinho fofo. É que a vida continua... e Deus falou que eu fui um animal muito bom...

Sabe quem me pegou na rua? A "Flor".

Hoje brincamos e descansamos juntos todos os dias... repletos de puro Amor.

Vânia Lúcia Slaviero

"Observai os pássaros do céu: não semeiam, não ceifam, nada guardam em celeiros; mas, vosso Pai celestial os alimenta. Não sois muito mais do que eles?
Observai como crescem os lírios dos campos: não trabalham, nem fiam; -entretanto, eu vos declaro que nem Salomão, em toda a sua glória, jamais se vestiu como um deles.

-Ora, se Deus tem o cuidado de vestir dessa maneira a erva dos campos, que existe hoje e amanhã será lançada na fornalha, quanto maior cuidado não terá em vos vestir"!

Jesus Cristo por São Mateus

"Deixe a cada pássaro o seu voo".
Leocádio José Correia

TOPÁZIO ROSA

Lá... nas profundezas de uma grande floresta... nas margens de um rio... uma pedra se pendurava... quase caía no rio.

O vento... mesmo que de mansinho... soprava sobre as folhas da margem... emitindo um som que parecia dizer:

- *"Esta pedra vive se segurando... parece ter medo de despencar no rio"*...

- *"Meu Deus!!! Eu despencar neste nebuloso rio"?* Tremia todinha por dentro... achando-se sem solução.

- *"Rolar por entre as outras pedras do rio? É o fim! Não tenho salvação"*!

O interessante é que alguns pássaros pousavam nesta pedra... e cantavam... e cantavam felizes... pois ali eles podiam se balançar. A natureza também tem destas coisas... talvez para nos ensinar...

E a pedra olhava para os lados perguntando-se em alta voz:

- *"Por que as outras pedras ficam paradas? Por que só eu tenho que balançar"?*

E então eu me recordava da minha infância travessa... quanto era bom me balançar... tão alto... lá na chácara do meu tio... que até fazia eu me sentir um pássaro livre... e ouvia mamãe dizendo:

- *"Cuidado para não cair"*.

Eu mais que depressa gritava: - *"Cair? Nem pensar! Aqui vou é me divertir"*.

E os pássaros ali na pedra, faziam sua melodia expandir. Que contraditório meu Deus... em cima tanta alegria... embaixo tanta tensão... e o que fazer para aquela pedra viver com descontração?

Dia vai... noite vem... como as ondas do mar... vão e vêm.

E o dia foi chegando... o sol amarelo e radiante... secando as gotinhas de orvalho da floresta. O rio parecia hoje estar um pouco mais cristalino... esperando refletir em suas águas... um acontecimento especial...

A natureza então vai acordando de mansinho... como se as flores bocejassem com carinho... e então a pedra desperta e começa a se balançar... só então a amiga cerejeira... que há muito esteve ao lado do rio... desperta, hoje, com uma nova reflexão:

   - *"Bom dia Topázio Rosa"*!

A pedra olha para um lado... para o outro... para cima e para baixo... e como não vê nenhum Topázio Rosa... pergunta:

   - *"Com quem você está falando"*?

   - *"Com você, Topázio Rosa"*.

   - *"Eu? Quem lhe disse que me chamo assim"*?

A pedra não sabia da sua cor... estava muito preocupada em se segurar... vivia num sufoco há tanto tempo!

   - *"Posso chamá-lo de Topázio Rosa"*? A cerejeira exclamou.

Só então... a pedra REFLETIU profundamente... e lá dentro... por entre tudo o que encontrou... ENXERGOU uma luzinha rosa... ainda tênue... e um pouco orgulhosa resolveu consentir.

   - *"Pode me chamar assim"*!

   - *"Sou sua amiga cerejeira e há dias venho observando-o e ouvindo-o... e esta noite em meu sonho... senti que deveria falar com você. Talvez você não tenha se dado conta... de que quando você dorme... você relaxa"*...

   - *"Relaxo? Como assim? Nem lembro o que acontece quando estou dormindo"*!

   - *"Pois é! No sono você descansa... a tensão e preocupação de se segurar adormecem... você se balança com confiança... e nada do que teme acontece... isto é desde a sua infância"*.

O Topázio Rosa sentiu que aquela luzinha aumentava... vindo em direção à sua superfície... como se algo começasse a ser descoberto...

   - *"Eu balanço"*?

   - *"Balança"*.

   - *"Não caio"*?

E a cerejeira rindo perguntou: - *"Já caiu"*?

- *"Não"*.

- *"Então"...*

- *"O que faço lá... que não faço aqui"?* Curioso o Topázio questionou.

- *"Pergunte-se aí dentro... ou para suas amigas se elas têm a solução"...*

E naquele dia o Topázio Rosa passou se observando. Lembrava-se da noite... do que pensava ser relaxamento... conseguia sentir *flashes* dele aqui no dia... e observando as suas amigas... OBSERVANDO-SE quando os passarinhos ali pousavam e se balançavam... começou a descobrir COMO relaxar no seu próprio balanço...

- *"Isto para mim era ser instável... vulnerável... desequilibrado... agora parece mais com uma espécie de dança... como os passarinhos quando voam livres no ar"...*

E o Topázio Rosa ia descobrindo que dentro dele... existe um CENTRO... em profundo equilíbrio móvel... e ele dançando de um lado ao outro... não importando se para frente ou para trás... começou a RESPIRAR com consciência... no seu próprio ritmo.

- *"Hummm... que delícia"!*

E o brilho da cor VALORIZA a sua forma... forma feita especialmente para esta dança... e em um momento algo diferente surpreendeu-o...

- *"Uau! Olha... estou parado! Equilibrado! Tranquila e serenamente"...*

E ele se reconhece... sente-se mais gostoso... com seu especial apoio sobre as margens do rio... ouve o som das águas deslizantes... e o canto melodioso dos pássaros o faz sorrir...

- *"Já estou até sentindo o aroma silvestre das plantas... flores... e ramagens."* E suspirou.

- *"Quantos amigos! Quanta vida! Quanta cor! Quanto posso me divertir. Muito lhe agradeço Cerejeira por me ajudar a despertar... posso dançar e ficar parado... quando eu desejar".*

- *"Como é bom ser Topázio Rosa... e dançar ao mesmo tempo".*

E ainda mais feliz, continuou:

- *"Sinto-me evoluindo... Sou cristal. Como é bom estar e SER exatamente... o que SOU em qualquer lugar".*

Vânia Lúcia Slaviero

"A felicidade não entra em portas trancadas".
Chico Xavier

QUEM SOU EU?

Esta é uma história para você!

Para você que tem se sentido meio estranho interiormente... talvez desconfortável... vendo as coisas assim... meio obscuras... sem cor... apagadas... devagar... penso que, às vezes, não é muito agradável estar assim, não é?

Você já esteve em dias melhores? É... acho que sim... mesmo que, às vezes, pensemos nem saber o que é o melhor...

Esta história começa assim...

Era uma vez uma gota pequenina... uma gota que parecia ser de chuva... daquelas chuvas que parecem não acabar mais...

E a gota de tanto rolar pelas ruas, pelas praças, nos telhados, pela calçada, achava que não conseguia mais sossegar...

A gotinha era feita de água... água das mais purinhas... vinda das nuvens lá do alto... que preenchiam o céu...

- *"Purinha"*? É... mas a gotinha não se SENTIA assim... ela não se VIA assim...

Daqui debaixo enxergamos apenas o escuro das nuvens de chuva... mas o interessante é que acima das nuvens... o sol brilha FORTE, preenchendo todas gotinhas... preenchendo de uma SUPER energia e diversas cores... cores luminosas que fazem da gotinha um SER translúcido e brilhante... como um CRISTAL.

Pergunte se a gotinha se via assim !!!

- *"NÃO"*!!!

Ela não se enxergava assim. Para ela, estava mais para um barro BEM lamacento do que para um cristal...

Naquele dia ela nem queria chover... mas foi impulsionada a ir por uma VONTADE enigmática.

E choveu com as outras gotinhas... e choveu... e a gotinha prosseguia nos seus atropelos... meio resmungando... lá se ia...

- *"Aonde vou"?*

- *"Fazer o quê"?*

- *"O que sou"?*

- *"Não vejo nada... só ouço barulhos"...*

Quando, de repente, envolvida por muitas e muitas gotinhas... lá se foi.

A gotinha, ainda meio perturbada... surpreendentemente, amanheceu molhando a grama verde de um imenso campo da Serra...

Uma folha macia e verdinha do gramado... ACOLHEU-A gentilmente.

A gotinha não sabia onde estava... mesmo assim sentia suas formas acomodando-se na mansa folha de grama verde...

Olhou ao seu redor, percebendo que suas amiguinhas ainda choviam...

- *"O que estou fazendo aqui"?*

- *"Está nos alimentando... nos lavando... nos passando seu frescor"...* — respondeu a folha.

- *"Para quê"?* — indagou a gotinha.

- *"Oh! Então não sabe que precisamos de você para viver"?*

- *"Como assim"?*

E a folhinha verde, alegremente respondia aos questionamentos:

- *"VOCÊ, assim como as outras gotinhas, trazem-nos alimento"...*

- *"Ah! Não sei como!! Não vejo nada em mim que possa alimentar você... não trouxe nada para lhe dar... como posso EU alimentá-la"?*

- *"Ninguém disse a você o que uma gotinha traz dentro de si"?* Surpresa a folha falou.

- *"Serei eu... uma humilde folha a lhe ensinar a sua REAL importância"?*

E continuou:

- *"Um dia... lá em cima, você esteve mais perto do azul do céu... e enquanto repousava entre uma chuva e outra... você foi se purificando... foi se preparando... mesmo, às vezes, sem se recordar. Através dos preciosos raios do Sol... você recebeu uma espécie de SABEDORIA... você aprendeu a armazenar, transformar, doar e evoluir. Todas as cores chegaram a você através dos raios do sol: o verde, o azul, o amarelo, o violeta e outras mais... cada cor com sua preciosa finalidade"...*

- *"Eu não vejo nada disto em mim"!!!* Desapontada a gotinha exclamou.

- *"Claro... você não vê, porque você simplesmente É assim... sua ESSÊNCIA É assim. Acalme-se... você ainda precisa ver para crer... e saber. Logo logo... aprenderá a SENTIR o que você REALMENTE É... e então as dúvidas cessarão".*

E a folhinha por alguns instantes ficou em silêncio... e percebendo que algumas palavras poderiam ajudar a gotinha a se sentir ainda melhor... continuou:

-*"O simples fato de você estar aqui... em CONTATO comigo... faz com que eu receba muito do que preciso para ser o que SOU".*

A gotinha ouvia atenta, sentindo-se mais calma e tranquila... e à medida que ela ia se DESCOBRINDO... os pingos da chuva foram cessando... e o céu mostrou-se mais azul... enquanto o sol pintava o final da tarde.

A folhinha verde chamou a atenção da gotinha para o que estava acontecendo:

-*"Você está sentindo o cheirinho gostoso que vem da terra"?*

-*"Humm !!! Estou sentindo... como é bom"...*

-*"Este aroma só podemos sentir... porque VOCÊ está AQUI".*

E animada continuou: -*"Olhe... olhe para cima"...*

E boquiaberta... a gotinha emocionou-se com a beleza que viu...

-*"Uau... O que é tudo isto"?*

-*"Ah!!! A Natureza está lhe dando a oportunidade de saciar sua curiosidade... este ARCO-ÍRIS é o SEU reflexo. Veja-se" !!!*

E o arco-íris irradiava a luminosidade da gotinha em direção ao céu...

-*"É esta energia preciosa que eu RECEBO de você".* — comentou a folha.

-*"Puxa !!! Eu nem via isto em mim" !!!*

-*"É... existem gotinhas que são PRECIOSAS e NÃO SABEM o quanto são... precisam descobrir formas diferentes de "se conhecer"...*

A gotinha agradecida... envolveu a folhinha com uma espécie de acalento... de abraço... e disse:

-*"Quero lhe revelar que... muitas vezes deixei de chover... porque achava que tudo era em vão! Rolar e rolar pela terra... não via nenhum sentido nesta peregrinação... AGORA... graças ao seu doce encantamento de me fazer DESPERTAR... posso me sentir mais VIVA... mais brilhante. Sinto-me pulsante... mais transparente e envolvente... é tão gostoso descobrir que SOU assim... e é só me SENTIR... CONFIAR e IR"...*

E continuou:-*"Até breve minha AMIGA... aqui muito aprendi. Saiba que em cada chuva... irei mais e mais mergulhar, APRENDER e me DIVERTIR".*

Vânia Lúcia Slaviero

A PROFESSORA E A FORMIGA

Vou contar para você a história de uma escola interessante. Lá tudo é sagrado... até as flores, a grama, os animais...

Isto mesmo... até a aranha e a formiguinha.

Uma criança estava lá olhando a professora transportar de dentro da sala de aula uma formiga muito pequenina para o quintal, antes que ela fosse pisoteada.

E quando a professora estava levando... a formiga lhe deu uma pequena ferroada no dedo e a professora deu um pulo e disse – *"Úi"*.

E a formiga caiu no chão.

A menina olhava e se divertia com esta cena tão diferente.

A professora agacha e delicadamente pega a formiga com muito cuidado, antes que alguém da escola pise nela ali no corredor... e assim vai levando-a para o quintal... quando a menina intrigada comenta:

-*"Ah se fosse comigo... já teria pisado nela. Ela machucou você professora e a senhora ainda pega ela de novo querendo salvá-la... não vê que ela é ingrata"?*

-*"Minha pequena menina... um dia você vai entender como me sinto".*

-*"Como assim, professora"?*

-*"A pequena formiga faz o que é do instinto dela... é a sua natureza... e eu ajo de acordo com a minha natureza. Este Ser vivo merece viver... como eu e você".*

E elas se olharam, sorriram e levaram juntas com muito carinho a formiguinha para o quintal.

Vânia Lúcia Slaviero
História verdadeira

"Deus não lhe dá mais do que você pode carregar".
Jesus Cristo

GATO E CACHORRO

Outro dia conversei com uma menina, que mora em uma casa que tem um jardim grande e florido. E ali também vivem um cachorrinho esperto e uma gatinha fofinha.

Ela gosta muito dos dois e o gatinho adora a menina, faz carícias e se enrosca em seus pés... e o cachorrinho também ama a menina... pois vive latindo carinhosamente ao vê-la, lambe-lhe as mãos e come bem pertinho.

Ela me contou que um dia percebeu que os dois estavam brigando... aquelas coisas - briga de gato e cachorro - como dizem... e eles até se machucaram... não conseguiam mais brincar no mesmo quintal... que tristeza para a menina... o que fazer?

-*"Será que posso fazer alguma coisa? Será que não gostam mais de mim"?*

E a menina inventou mil coisas e jeitos para uni-los novamente para que gostassem de brincar juntos de novo.

A menina se perguntava:

-*"Será que errei em alguma coisa? Sou a culpada por eles não se darem bem? Que raiva! Dá até vontade de fazer não sei o quê".* — pensava ela.

E assim ficaram em lugares diferentes...

A gata dentro de casa... e o cachorro no quintal... na casinha dele.

Ela entristeceu-se com isto... até mesmo adoeceu.

Uma noite em seu quarto... algo especial aconteceu... um pássaro amarelinho pousou em sua janela e para seu encanto... ele sabia falar... e como em um sonho, levou-a para um passeio...

-*"Para onde"?* Para o mundo das gatinhas... e ali ela encontrou-se mais de perto com sua gatinha e pôde então conversar:

-*"Por que não quer mais brincar com meu cachorrinho"?*

E a gatinha respondeu:

-*"Sei que você não gosta de nos ver afastados um do outro... mas nós dois conversamos e achamos que é melhor assim... eu gosto de ratinhos... gosto de sol... de ronronar baixinho... e ele não gosta disto, então... para que nos judiarmos? Gosto dele, quero que ele seja muito feliz... e cada um tem o seu jeito".*

-*"E você deixou de gostar de mim"?* Perguntou apreensiva a menina.

-*"Meu amor... SEMPRE vou amá-la e ronronar no seu colinho... lhe fazer carinho... pois você é a coisinha mais preciosa que Deus deu para mim"...*

Elas se abraçaram resgatando um AMOR muito lindo e então reapareceu o passarinho... convidando a menina para que continuassem a viagem...

Agora levou a menina para o mundo dos cachorrinhos... e para sua felicidade... seu cachorrinho a aguardava com uma certa expectativa...

-*"Foi bom você ter chegado! Há muito tempo quero lhe falar e não sabia como dizer".*

-*"Estou triste, meu cachorrinho... você não fica mais com a gatinha e assim se distanciou de mim também"...*

-*"Minha linda menina... eu gosto de latir alto... correr, gosto de sombra e ela não gosta de nada disto... continuo gostando dela mesmo estando longe... quero que ela seja feliz do jeito dela... AGORA, não me sinto longe de você... a todo instante fico pensando o que fazer para deixá-la mais feliz... e aqui de fora acho que posso protegê-la melhor"...*

-*"Como assim"?* -Indagou a menina.

-*"Você não vê como eu olho para você? Como eu brinco... corro... vigio a casa? É assim que aprendi a TRANSMITIR o meu AMOR".*

Sentindo confiança nestas palavras... a menina foi aconchegando-se ao cachorrinho como nunca... recebendo um carinho tão grande... fazendo com que ela já se sentisse mais forte, mais alegre... e feliz.

Com o canto do passarinho... aos poucos foi despertando, trazendo a sensação de confiança... segurança... dentro de seu corpo... DENTRO do CORAÇÃO. E no dia seguinte... ao ver a gatinha ronronando delicadamente... tudo entendeu... e sorriu.

Quando viu seu cachorrinho... com aquele olhar especial... PROTEGENDO-A... percebeu que REALMENTE o amor sempre esteve PRESENTE.

Vânia Lúcia Slaviero

O CONSELHO DO MONGE

Aos pés do Himalaia um Mestre me contou uma história que ele dizia ser verdadeira. Na Índia tudo é possível. Havia um pequeno vilarejo onde todos eram livres e felizes. Todos podiam falar... até os animais. Só havia um problema, não conseguiam conviver com a dona cobra rajada pois ela era muito feroz. Atacava, picava... assustava... e as crianças tinham muito medo dela assim como os adultos.

Já estavam pensando em eliminar a cobra do local, quando um Monge ali ia passando em sua peregrinação. Ao ouvir o alvoroço aproximou-se. E a população pediu a ele que gentilmente o ajudassem.

O Monge muito sábio foi até a cobra com muita cautela. Ela de longe sibilava e ameaçava-o. Foi quando ele disse que seus dias estavam contados e ela se assustou.

-*"Como assim"?*

-*"Sim, você é muito feroz. Maltrata a todos, até os inocentes. Ninguém mais gosta de você".*

-*"Mas só estou fazendo o que sempre me ensinaram. É de minha natureza. Como posso eu ser diferente"?*

O Monge lhe disse para ser mais amiga... não maltratar os inocentes, ser mais bondosa e depois disto ele foi embora.

E ela se pôs a meditar.

Um ano depois o monge passa pelo mesmo vilarejo e encontra a cidade em festa, todos felizes com a cobra que se encontrava toda machucada, com curativos por todos os lados de seu corpo finoooo...

-*"Mas o que houve"?*

-*"Oh Monge, fiz tudo o que me ensinaste. Hoje sou muito bondosa... mas olha só para mim".*

-*"Minha amiga cobra... ser boba é diferente de ser boa. Falei para você não maltratar os inocentes... mas não lhe pedi que não mostrasse seus dentes".*

Vânia Lúcia Slaviero
Inspirado em um conto indiano desconhecido

JESSIE

Jessie sempre queria mais. Não sentia-se satisfeita com o que tinha... e ela tinha tudo que precisava, e muito além do que alguém poderia querer. Mas não era o suficiente.

Terminou o cursinho, fez faculdade, tirou a carteira de motorista, formou-se, comprou um carro.

Namorou, trocou de namorado, trocou de novo.

As amigas casaram... e ela casou.

Não estava satisfeita com a casa em que morava, comprou outra.

Não ficava pronta logo, comprou mais uma.

E trocou de carro... e mobiliou a casa.

Comprou roupas... muitas roupas.

Quis mudar de emprego...

Engravidou... e teve um lindo bebê.

Mas o ciclo de desejos não acabou... continuou... e continuou...

Então se olhou no espelho... se olhou de verdade, sem maquiagem e personagens.

Olhou para o que era de verdade. Observou sua face, sua expressão, suas marcas.

Perguntou-se então: -*"Para onde estou indo e onde quero chegar"*?

Assustou-se.

Enxergou por alguns instantes o automatismo em que estava vivendo.

Que não vivia a vida que queria, mas a vida que os outros viviam. Ela apenas imitava.

Fazia aquilo que a cultura que estava inserida dizia que devia fazer. Apenas seguia o fluxo.

Ao abrir os olhos para dentro, percebeu quanto tempo perdido, procurando fora... aquilo que só encontraria dentro.

Todas as respostas para as suas dúvidas estavam dentro dela, o tempo todo.

Ela estava tão ocupada em adquirir bens materiais que não havia percebido o vazio que cada aquisição lhe causava.

Simplesmente pelo fato de que não era nada disso que realmente necessitava.

Precisava de equilíbrio, de serenidade, de aceitação, de amor próprio, de atividade física, de contato com pessoas queridas, de natureza, de algo que sinceramente gostasse de fazer.

Ela acordou.

Saiu do sonho ilusório e mergulhou profundo em seu Ser.

A partir daí, percebeu que olhando para si, conseguia ver com clareza o outro, o mundo, com todos os seus defeitos... e belezas.

Estando hoje em equilíbrio, pode ajudar quem está a sua volta... e tudo o que olha floresce... de dentro, para fora.

Shely Pazzini

A CARAVELA

Há muito e muito tempo, em um lugar muito e muito distante, havia lá um grupo de pessoas que tinha como ofício a arte de velejar a luz do sol e do luar.

Buscando desta forma desbravar e conquistar novos horizontes, e de um modo e uma maneira aprender e ensinar, conhecer e revelar, com cada um que cruzasse o caminho, podendo trocar um pouco de si com um pouco do outro, e assim deixar o seu próximo melhor do que quando o encontraram.

Nesta caravela, que levava nosso grupo de pessoas, havia também um capitão, o comandante a quem cabia não só o destino e o comando, mas ser também um elo de ligação e harmonia entre o alto comando e a tripulação.

Sempre com um OLHAR SERENO, expressão de SEGURANÇA e CUIDADO com tudo e consigo mesmo principalmente, o capitão era espelhado por muitos, pois era o EXEMPLO de CORAGEM e FORÇA.

Como em qualquer parte desse planeta ou universo, há situações em que a tripulação se vê em impasses para definir um NOVO DESTINO... novos horizontes a desbravar.

Neste momento, UMA PARTE argumentava para ficar e não cruzar o estreito que levava aos mares abertos do sul, lugar de mistério e fascínio que fazia IMAGINAR TUDO, porém não assegurava nada. Preferiam ficar, continuar a velejar pelos mares conhecidos, pelas ilhas ao redor, lugares e locais já tão visitados.

Contudo, de outro modo agora, OUTRA PARTE clamava de um certo jeito a ATENÇÃO, para que fossem ouvidos, pois seus sentidos eram pura ATRAÇÃO pelo novo, pelo mágico e grande mar azul que BRILHAVA a sua frente.

O que fazer? Como JUNTAR as duas partes de uma grande tripulação em um ÚNICO objetivo? Então o mestre capitão, fitou com seus olhos, cada um, cada grupo, cada parte do todo, ouvindo e questionando:

-*"O que impede de ir ou de ficar? Como seria IR para um outro lugar ou FICAR onde estamos"?*

Levantando em cada parte as necessidades, apresentando a cada lado o que o outro lado tem como INTENÇÃO construtiva: ficar ou velejar para o novo... assim construía o CAMINHO DA SABEDORIA.

E foi questionando: -*"O que, de certa forma cada parte quer REALMENTE com seu objetivo"?*

E foi questionado: -*"Além destas duas possibilidades quais mais podem existir"?*

Com estas reflexões recolheu-se para descansar... e ao final da noite, depois do SONO reparador, a Luz brilhou como um contagiante raio expandindo a mente do comandante.

Sentiu uma enorme vontade de conectar-se com o CRIADOR dos Mares e Ares... e assim aconteceu.

Só então percebeu que em muitas vezes esteve em situações semelhantes... e seu coração sempre encontrou a MELHOR solução. Visualizou-se com todos, ouviu e sentiu-se INTEGRANDO respeitosamente todas as INTENÇÕES.

Sentiu seu coração MAIS sereno... e dentro de si mesmo sorriu com SATISFAÇÃO.

Levantou... olhou com segurança a configuração do céu... e navegaram com firmeza e total realizAção.

Conta a história que este capitão veleja por muitos lugares ensinando esta ARTE para todos que o buscarem. E muitos que com ele aprenderam... hoje vivem LIVRES pelo mundo a ensinar... a arte de velejar.

Roberto de Oliveira

ERA UMA VEZ UM PESCADOR...

Gosto muito do mar... e em uma de minhas férias... fui em uma praia que para mim é um tanto especial.

Estando lá... costumava ir bem cedo para a beira mar observar a movimentação das ondas... das pessoas... dos pescadores. Ali, sentada na areia, sob o sol agradável que me aquecia e tranquilizava... percebia que muitos acontecimentos ocorriam... alguns de certa forma iguais aos do dia anterior... outros bastante novos para mim.

Enquanto o som das ondas acalmava-me profundamente... meus olhos vagavam contemplando os pescadores em alto mar... pescando talvez para seu sustento... para alimentar as pessoas... e olhando para outros ângulos... percebia pessoas limpando a areia branca da praia... e isto dava-me uma sensação de conforto e familiaridade. Os salva-vidas com agilidade mostravam-se presentes... inspirando proteção e segurança.

Os pescadores chamavam-me mais a atenção... e eu pensava comigo: -*"O que os motiva a pescar... além da busca de sobrevivência"*? Parecia que de certa forma eram movidos por algum motivo especial... pois ali encontravam-se diariamente... sob sol... chuva... era algo além de uma necessidade... de uma profissão.

Era uma manhã de sol... comecei a observar um pescador que havia regressado de alto mar e naquela manhã ele estava mais isolado do restante do grupo. Recordo-me que enquanto eu o olhava em alto mar... reconhecia algo em seus movimentos... era alguém que tinha... talvez sem saber... todas as capacidades para dominar o barco sobre as ondas: como lançar a rede e recolhê-la na hora certa.

Mas neste dia, com tanta agitação e excitação em seus movimentos, acabava desequilibrando-se em meio ao mar... e seu barco perdia o rumo das ondas... isto, parecia deixá-lo tão nervoso, que ele demonstrava querer largar a rede... o remo... e destruir o barco.

Um impulso me ocorreu... e curiosamente resolvi... com respeito e cuidado... aproximar-me para conhecê-lo melhor.

Percebi através do olhar e de seus gestos que ele estava disposto também a conversar comigo. Apresentei-me e assim, sem pressa, fizemos um início de amizade... uma amizade que foi se revelando bastante interessante.

Perguntei-lhe: -*"O que o leva a ir ao mar, com seu barco a pescar"?*

Ele respondeu-me meio desanimado:

-*"Já nem tenho mais tanta vontade de pescar com meu barco... pois minha capacidade de comandar o remo... o motor... penetrar nas ondas... pescar os melhores peixes... recolher a rede... já não está mais presente. Desde que uma tempestade, tempos atrás, virou meu barco, deixou-me assim e não tenho mais forças e recursos para me sustentar... sou um fracasso".*

-*"Mas o que o levava ao mar? O que o motivava a pescar"?* – Continuei insistente.

-*"Ah! Bons tempos... pescar era um prazer na minha vida... alimentar as pessoas e alimentar-me com o peixe pescado por minhas mãos... hummm... era outro sabor. Fascinava-me entrar em cada nova onda. Quanta diversidade e beleza existia em um único lugar e isto dava-me alegria... ânimo... disposição para lançar mais e mais a rede e aguardar pacientemente a hora certa de tudo acontecer... e dentro do meu barco o equilíbrio eu encontrava"...*

E continuou: -*"Maravilhoso barco... ali eu passava horas e horas em contato comigo... sentindo a maresia em minha pele quente... minha respiração profunda e serena, fazia em meu corpo uma espécie de onda, ao entrar e sair... como as ondas do mar. Passava um bom tempo ouvindo os sons... olhando a magia da natureza... cada dia diferente... e tudo isto dava-me uma sensação profunda de prazer e amor pela vida... tanto que eu voltava para casa mais e mais apaixonado pela vida... pela minha família... e amigos"...*

Comovida com a revelação e ao mesmo tempo em contato com as dificuldades que o envolviam após aquela tempestade arrebatadora... fui me recordando que um dia, caminhando nas partes mais secretas desta praia... avistei um lugar diferente que me despertou profunda curiosidade... pois ali entravam algumas pessoas, a maioria delas pescadores... e depois de algum tempo, saíam com uma expressão completamente diferente... diferente para melhor... um ar de, não sei descrever bem, mas parecia ser de... DESCOBERTA... REALIZAÇÃO...

Falaram-me que era uma GRUTA... Gruta da Inspiração... não entrei lá, achei que haveria um momento ideal para isto... e AGORA havia chegado este momento.

Com este pensamento, comentei com o pescador sobre este lugar e ele meio desconfiado me escutou. Para minha surpresa, ele nunca havia ido até lá e nem sabia que existia. Convidei-o a irmos descobrir mais sobre esta GRUTA e ainda muito desanimado, mas com certa ponta de curiosidade... aceitou meu convite.

Era um lugar por entre as rochas grandes e úmidas, à beira-mar. Aparentemente parecia um lugar comum... talvez por isso que muitos não se aproximavam...

À medida que chegávamos mais perto, observávamos o movimento de alguns pescadores e quando saíam de dentro... algo novo transparecia em seus semblantes...

Assim como eu, ele já estava mais entusiasmado para entrar por entre aquelas rochas. E então, ele me acompanhou. Na entrada, as rochas eram grandes, sombrias... algo que aumentava um pouco a excitação no corpo... e a sensação de curiosidade... facilitava com que nos abríssemos para novas experiências. Por mais que tentássemos controlar... mais e mais uma sensação de amplitude e ABERTURA ia surgindo... de forma bastante segura... o que nos confortava...

Explorávamos tudo com SATISFAÇÃO... e dava para observar lá dentro, bem profundo, uma certa luminosidade que foi aumentando à medida que íamos na direção. Ali as formas eram surpreendentes... de repente, de um caminho estreito, pequeno, surgiu um grande salão.

-"*Ohhhh*"... e um silêncio se fez. O pescador mostrava admiração... surgiam neste novo espaço, lagos cristalinos, peixes coloridos, plantas riquíssimas (pausa)... e vimos um SÁBIO... sentado serenamente sobre uma rocha translúcida, repleta de uma espécie de energia que só podia ser irradiada por aquele Ser.

Ele emanava beleza e luminosidade até então por nós desconhecidas: seus movimentos eram harmônicos, ritmados... como uma sinfonia.

O pescador ficou numa espécie de transe... transe profundo ao contemplar aquele Ser... e este Sábio... como em uma melodia suave, recitava palavras, frases, não sei bem ao certo o que era... era muito lindo e me parecia de profunda sabedoria. Algo me dava esta CERTEZA, pois todos que ali estavam ficavam por um tempo, a ouvir esta magia.

Interessante é que eu não conhecia e não conheço aquela linguagem, mas o pescador parecia conhecer... e entendeu tudo o que era dito.

Se bem entendo, o que o Sábio fazia, era proporcionar aos pescadores, que eles SONHASSEM... sonhos que os fizessem entrar em contato com algumas regiões desconhecidas dentro de si mesmos, buscando ali SOLUÇÕES e alternativas diferentes para solucionar as dificuldades que cada um deles pudesse estar passando.

Enquanto Ele recitava estes CÓDIGOS, os pescadores começavam a balbuciar as palavras como que afirmando, reconhecendo e concretizando tudo o que estavam descobrindo... eles estavam em contato profundo consigo mesmos. Eu me sentia sendo envolvida também por aquela gostosa energia.

Era lindo olhar para o pescador neste estado, pois ele parecia que ia se tornando também um SÁBIO, com uma luz contagiante...

E depois de algum tempo, tempo suficiente para toda aquela espécie de ritual se completar, eles iam com um ar de contentamento, movendo-se suavemente, com um brilho no olhar... e AGORA, era o pescador que me conduzia, com tanta segurança e altivez, que só me restava CONFIAR. Convidou-me a voltar pois já estava SATISFEITO.

À medida que voltávamos, uma certeza ia surgindo, de RETORNAR sempre a este lugar tão especial... pois ali está a CHAVE para toda e qualquer busca que se queira ALCANÇAR.

Com um sorriso forte e envolvente, o pescador afirmava-me agora já saber exatamente... que outras atitudes deverá tomar para conseguir TUDO aquilo que buscava para se tornar de novo e de forma melhor, um EXCELENTE pescador, seja em qualquer mar em que resolva pescar.

E afirmava com convicção: -*"Agora já estou de POSSE das soluções para qualquer desafio que apareça... ideias, alternativas às quais tenho LIVREMENTE acesso"*.

E sorriu satisfeito, com o corpo em movimento... movimentos mais ágeis do que nunca.

Fiquei fascinada com o Poder que conheci naquele dia. O poder do Sábio... um mestre que não prega conselhos, não pede nada em troca e nem compara ninguém a ninguém... ele está lá, pronto para quem solicitar auxílio e Ele simplesmente faz com que cada pessoa encontre em SI mesmo, a SABEDORIA que existe dentro de cada um.

E o mais incrível é que uma vez descoberto o caminho de busca, ali pode-se voltar sempre, para mais e mais se encontrar... se aperfeiçoar... se superar e SER mais feliz.

Foi um grande aprendizado para mim, pois as portas se abriram para minha busca e descoberta também... e pude observar aquele pescador nas manhãs seguintes COMO ele estava diferente, desde ao sair de casa, o contato com seus familiares... era algo prazeroso de ver... era um jeito diferente até de andar... de trabalhar.

Havia um SIGNIFICADO em cada gesto, em cada olhar... que não sei o que era, mas com certeza ELE sabia.

Agradeço profundamente por ter recebido também, este PRESENTE, simplesmente especial.

Vânia Lúcia Slaviero

"O reino de Deus está dentro de você."
Jesus Cristo

Pérolas da Mestra Monserrat

ONDE ESTÁ O CÉU?

Era uma vez uma netinha muito curiosa.

Na casa de sua avó entre um pedaço de bolo e outro... fazia mil perguntas... algumas das mais esquisitas.

A vovó sentada em sua cadeira de balanço... onde aos seus pés ronronava um gatinho fofo e branco... respondia com um suave sorriso sábio nos lábios.

Um dia a netinha estava inquieta... e foi logo perguntando: -*"Vovó... existe inferno"?*

A vovó olhou para a neta... olhou para dentro de si mesma... pensou... meditou e disse:

    -*"Existe"!*

E a netinha fez — *"Ohhhh"...* mas nem deixou a avó continuar e já foi perguntando:

    -*"Existe céu"?*

    -*"Claro que sim"...*

    -*"E Deus"?*

    -*"Também minha netinha"...*

E a netinha agora estava mais curiosa.

    -*"E onde está o inferno? É lá embaixo"?* Apontando para o chão.

E a vovó riu com muito gosto e disse:

    -*"Vou explicar uma coisa para você. A vovó mora aqui em cima... e dá aulas de yoga no andar debaixo... Ahhh meu amor... sempre que eu desço dar aulas EU VOU para o CÉU"!*

    -*"Como assim vovó"?*

    -*"Minha amada criança... vou revelar um segredo! Você já viu seu papai às vezes preocupado dizendo que nem conseguiu dormir? E ele mesmo dizia... ah que inferno"...*

    -*"Sim várias vezes... ouvi mamãe falando assim também"...*

    -*"E quando lhe abraçam... brincam com você, dizem... hummm isto é um paraíso! É o céu"?*

- "Sim"...

- "Então meu amor, o inferno e o céu dependem do que sentimos, pensamos e fazemos em nossas vidas... eles estão exatamente aqui e agora... dentro de nós".

- "Uau... que legal! E o que preciso fazer para entrar lá"?

- "É simples. Se faço ou penso coisas ruins, que fazem mal para mim ou para alguém... esta é a chave para entrar no "inferno" aqui mesmo, dentro de mim... MAS... se faço coisas boas e que trazem alegria, amor, paz... esta é a chave para entrar no "céu"... AQUI mesmo".

- "Que demais vovó, por isto que quando desce para dar aulas... você vai para o céu"?

- "Sim, pois AMO o que faço e ajudo as pessoas a se SENTIREM MELHORES... mais felizes... minha sala é um lindo céu azul".

A netinha neste momento já estava aninhada no colo de sua avó... e disse que tinha mais uma pergunta importante...

- "E Deus... o que É e onde Ele está"?

- "Minha amada... o que é Deus exatamente não sei... mas sei onde Ele mora"...

- "Onde"?

- "Mora em mim... mora em você... nas flores... nos animais... mora em todos os lugares. É a vida. É como o ar... que não vejo, mas sem Ele não posso viver". Respirou profundo... e deu um gostoso suspiro.

E elas se abraçaram com tanto amor e carinho que a netinha sorrindo falou:

- "Isto sim vovó... é o meu delicioso PARAÍSO".

Vânia Lúcia Slaviero
Homenagem à minha Mestra de Yoga: Monserrat

A BISAVÓ

Lila brincava na sala de estar com seu quebra cabeça... sobre a mesa em frente a sua querida bisavó.

Bisa com seu coque prateado... lindo como a lua... observava curiosa cada movimento que ali se desenhava. Uma parte sua estava ali a se DESCOBRIR.

A menina então... começa a procurar uma peça de seu brinquedo... que MISTERIOSAMENTE desaparece de sua frente.

-*"Onde está"?* E ela vira e revira o monte... e nada encontra.

A sábia mulher percebe que a pecinha está caída ao lado do pé da mesa... mas com sabedoria e em SILÊNCIO deixa a menina se exercitar.

Lila aflita e incomodada solta suspiros cansados de tanto procurar... procura longe, perto... agitada... nada a encontrar.

Esta mulher como é uma grande SÁBIA usa seus meios misteriosos para ajudar.

Mentaliza a linda menina encontrando o que tanto busca... e de repente... a menina senta no chão e -*"Uau... aqui está o que eu queria"*.

-*"Sim... sempre esteve aqui pertinho"*.

Então ela se vira para mim... e me revela:

-*"Isto acontece com todos nós. Buscamos, reviramos o mundo para encontrar o que sempre PERTO ou dentro de nós esteve... sempre... a nos esperar"*.

Vânia Lúcia Slaviero
Após um chá em 07 de Outubro de 2015
com minha mestra de Yoga Monserrat
vésperas de meu aniversário... meu presente.

"Abraçar e acolher o próprio corpo, contudo o que ele oferece, alimenta e aquece a alma.

O ato de tocar com carinho e ternura é sentir o pulsar da vida com as mãos".

Daniel Sales

ÔNIBUS AZUL

O ônibus azul dirigia diariamente do bairro até o centro da cidade... gostava muito deste percurso.

Levava crianças à escola... homens e mulheres ao trabalho e às compras... ficava muito alegre quando podia levar muitas pessoas de lá para cá, daqui para lá...

Muitas vezes parava para pensar: –*"Será que essas pessoas fazem o que eu faço quando acordo"?*

Quando acordava... já lembrava de que É azul, da cor do céu.

O céu, eventualmente, fica nublado, assumindo diferentes formas, com nuvens carregadas de intenções climáticas pesadas: raios, chuvas, trovões e trovoadas...

E o ônibus azul pensava: –*"Enquanto estou aqui deitado... lembro que, certamente, nunca houve um céu igual ao outro e, por isso, hoje é um NOVO dia"*!

Certo dia, enquanto aguardava o sinal fechado abrir, o ônibus azul foi surpreendido por uma tempestade... e sem perceber foi se conectando com uma nuvem pesada.

Vieram imagens de um mar de carros a enfrentar, o barulho dos motores, o estresse dos outros, e uma sensação de desconforto envolveu o seu corpo...

Nesse momento parou de funcionar e quebrou...

Foi rebocado para o ferro velho, onde todos os carros e ônibus velhos são levados.

Agora, estava lá parado e muito triste olhando para os lados e vendo aquele cemitério de carros. Por alguns instantes vinha um pensamento de não saber o que fazer...

Um belo dia foi surpreendido por uma linda e charmosa borboleta, que, numa voz suave e aveludada disse: -*"Lembre que essa nuvem também É PASSAGEIRA"*.

Enfeitiçado, deixa seus pensamentos passearem leve e lentamente...

Eis que de repente, um homem chegou ao ferro velho, andou para lá e para cá, entre tudo o que ali existia, até que, ao OLHAR para o alto... viu o ônibus azul...

-*"Ah, gosto muito dessa cor, quero esse para mim"*, disse o homem ao ônibus azul, que ficou eufórico...

-*"Você sabe..."*, continuou o homem, *"sou um palhaço e preciso urgentemente de um ônibus para buscar as crianças e depois me apresentar no circo; você é o escolhido! Venho buscar você amanhã. Colocarei cortinas brancas e, na pintura descascada, DESENHAREI nuvens em forma de animais"*...

O ônibus azul ficou tão... mas tão FELIZ que dizem que até hoje... onde ele passa... deixa sua ALEGRIA contagiar a todos!

Jane Appel

"Não haverá borboletas se a vida não passar por longas e silenciosas metamorfoses".
Rubem Alves

O CAMINHO DE VOLTA PARA CASA

O peregrino subiu a montanha e ficou quatro dias meditando sozinho. Quando estava descendo, por um descuido, perdeu-se da trilha e entrou num outro caminho que levava para outra montanha. Caminhou durante quarenta minutos na trilha errada. Quando percebeu que o caminho estava diferente, se desesperou. A trilha sumiu de seus pés, a visão ficou turva e os pensamentos começaram a bombardear:

-*"E agora? Estou sem suprimentos, perdido. Nesta trilha não passa quase ninguém. Vão sentir a minha falta e vão mandar o resgate? Meu Deus, o que eu faço?"*

O coração disparou, o suor frio corria pelas mãos. O que fazer? Foi quando ele ouviu uma voz interna lhe dizendo:-*"Use o que aprendeu lá em cima. MEDITE. Relaxe"*.

O peregrino sentou-se e começou a RESPIRAR profundamente. Logo começou a se ACALMAR. E como num passe de mágica a trilha da mata começou a ficar clara e nítida. O coração acalmou e o peregrino conseguiu escutar o canto dos pássaros e tranquilamente retornar pela trilha até a bifurcação de onde se perdera. Feliz. AGRADECEU.

"O caminho que nos leva de volta para casa pode estar tão perto, mas que por causa dos turbilhões da mente e da luta exaustiva contra nossos próprios medos e aflições... não conseguimos enxergá-lo claramente. Ficamos presos no meio do furacão interno e não percebemos os sinais do Universo e os PRESENTES que a vida nos dá. Apenas quando cansamos, exaurindo as forças e desistimos de lutar contra a correnteza da mente, é que conseguimos ver CLARAMENTE o caminho que nos leva de volta para casa".

Gide Ferreira

*"Medita em um Grão de areia...
e conhecerás todo o Universo"*.

Budha

TEIMOSIA DA MOSCA

Era uma vez uma mosca que queria chegar até uma bela cerejeira em flor... e voava com toda velocidade e não conseguia atravessar uma barreira invisível... e zunia enquanto se debatia:

-*"Mas que injustiça estão fazendo comigo... o que há aqui na frente que não me deixam passar"?* E tentava e tentava sempre no mesmo lugar...

A Borboleta que ali voava indo para o mesmo lugar... olhava a mosca aflita.

-*"Mosca, o que está fazendo"?*

-*"Quero chegar na cerejeira ali na frente... mas não estão querendo me deixar... alguém está querendo me boicotar. Colocaram uma barreira para mim".*

-*"Mas amiga... tente OUTRO CAMINHO"...*

-*"Não há outro caminho... veja só há este caminho... e eu quero ir é por aqui".* E cansada de tanto se debater... caiu na soleira da janela.

-*"Mosca amiga... RESPIRE... olhe para cá".*

E a borboleta mostrou que bem do ladinho onde ela estava dando cabeçadas... havia uma abertura enorme na janela.

E a borboleta ali saiu voando faceira em direção ao pé de cerejeira.

Vânia Lúcia Slaviero

"Se o que você está fazendo para alcançar um objetivo não está funcionando, busque outros caminhos".

Pressuposto da PNL

"Se você tem uma longa caminhada, lembre-se de que antes do primeiro passo, existe uma INTENÇÃO, que aliás, já é mais da metade do caminho percorrido. E mais, lembre-se que essa intenção é CÓSMICA! Tenha um bom percurso"!

José Augusto Cunha

ACONCHEGO ESPECIAL

Era uma vez uma floresta muito fria. Ali os animais queriam se esquentar... nem a caverna era suficiente para os aconchegar.

Dois porcos espinhos foram rapidamente, um de encontro ao outro, com a esperança de se esquentarem. Juntaram-se tão pertinho que:

-*"Ui... sai... você está me espetando".*

E o outro logo retrucou:-*"Não... é você que me feriu".*

E saíram magoados por causa dos espinhos duros e afiados.

Cada um de um lado... distantes... não se feriam... mas se esfriavam. Não era uma boa solução para o seu coração. E sentiam novamente vontade de se aproximar por causa da solidão.

Tentaram e tentaram até que, AJUSTANDO as distâncias, perceberam que podiam ficar bem pertinho.

Não tão juntinhos como antes, mas o SUFICIENTE para agora sentir o calor AGRADÁVEL um do outro.

Agora sentem o contato AMOROSO... sem invadir o limite... que o próprio corpo permite.

Vânia Lúcia Slaviero

Inspirado em um conto oriental

"Se vocês tiverem fé do tamanho de uma semente de mostarda, podem dizer a essa montanha:
-'Vá daqui para lá', e ela irá. E nada será impossível para vocês".

Jesus Cristo

DONA LAGARTIXA... XA

Que história legal vou contar para você.

-*"Quem conhece a Dona Lagartixa... xá"?* Cantava o menino da rua... pulando de pedra em pedra...

Cantava e contava a história da *Lagartixa... xá* para todos que quisessem ouvir. Faziam uma roda ao redor dele na calçada... o sol ia dormindo e o menino continuava a contar...

-*"A Lagartixa... xá vivia triste, porque ela era meio esquisitinha. Tinha um rabo compriiiidooo, parecia até uma cobra. Todos corriam dela. Muitos até caçoavam de seus dedos. Credo que dedos feios, looonnngooosss... e a cabeça então? Chaaaatttaaaa"...*

Aahhh, o pessoal da redondeza achava que ela nunca iria arranjar um namorado.

-*"Vocês já viram uma lagartixa andar? Pois é! É muito engraçado".*

Os dias se passavam e ela se sentia só... que dó. Abandonada, sem amigos, achando que o mundo ia cair sobre si.

-"*Oh azar... não presto prá nada. Não sirvo prá ninguém! Quem gostará de mim*"?

Pensava até em se enfiar debaixo de uma pedra e lá esperar o fim de seus dias.

-"*Ninguém vai notar mesmo*"! Ela pensava meio manhosa.

Foi quando... numa manhã... apareceu uma menina desesperada correndo por todos os lados. Todos da redondeza arregalaram os olhos para ver o que estava acontecendo; você sabe né, o povo gosta de espiar para ter o que falar...

Até as formigas e a Dona Joaninha tiraram a cara de suas tocas. Parecia que a menina estava procurando alguma coisa.

-"*Será que ela perdeu algo*"? Começaram a comentar.

-"*Posso ajudar*"? Cantou esbelto o passarinho.

A menina olhou, olhou e não viu ninguém. -"*Quem falou*"?

-"*Eu, aqui de cima*"! Enchendo o peito amarelo, o passarinho cantou.

-"*O que a senhorita deseja*"?

-"*Eu preciso de ajuda. Minha família está morando numa nova casa velha que tem muitas aranhas*"...

-"*Hummm, prossiga* "! Toda redondeza estava de ouvidos bem abertos.

-"*É, nesta casa não tem lugar para todos. As aranhas disseram que só saem se nós levarmos uma lagartixa para elas. Eu não conheço lagartixa, não sei o que é, mas sei que ela pode muito nos ajudar*".

-"*Uma lagartixaaaaaaaa*" !!! Todos sussurraram abismados.

Foi quando a *Lagartixa... xá* ouviu seu nome ao longe. Esfregou os olhos e meio desconfiada botou a cara para fora da toca para ouvir melhor.

-"*Quem será que lembrou de mim? Algum parente*"?

Foi se aproximando devagarinho.

-"*Nós conhecemos uma lagartixa... feia que dói... não serve para nada*"! Coaxou o sapo no brejo.

-"*Ahhh! Não importa... se ela quiser vir comigo daremos casa, comida, tudo o que ela precisa*"!

-"*O QUEEEEE !? TUDO PARA A LAGARTIXA... XA !? FEIA E DESENGONÇADA... DA*"!!?

A turma toda da redondeza se escandalizou. Ela mesma escondidinha no meio das folhas, não acreditava no que ouvia.

-*"Devo estar sonhando. EU... tão esquisitinha"!!!*

E o gavião majestoso voou: -*"Eu sou o mais poderoso... vou proteger sua casa"*!

O gato miou forte: -*"Eu sou o mais fofo e charmoso".*

O cachorro latiu: -*"Eu sou o mais fiel".*

O passarinho cantou: -*"Eu sou o mais alegre".*

E a *lagartixa... xá* chorando foi se encolhendo.

-*"NÃO! NÃO"!* Falou forte a menina. -*"Só me interessa a lagartixa".*

A *Lagartixa... xá* lá debaixo das folhas sentiu uma força em seu coração (pequenininho mas tinha)... e pulou correndo, meio trêmula, com o melhor sorriso que podia ensaiar:

-*"Aqui estou eu! Dona Lagartixa... xá às suas ordens".* (hehehe, agora ela era Dona).

A menina ficou tão feliz que abraçou a *Lagartixa... xá* e beijou suas mãos (argh!) e levou-a para a nova casa... velha. Toda turma não conseguia acreditar, e desconfiados diziam:

-*"Hiii, logo logo vai voltar, não vão aguentar".*

Passaram-se muitos anos e até hoje só se escuta histórias belas da *Dona Lagartixa... xá.*

As aranhas foram morar em outro lugar, a nova casa velha ficou mais tranquila... e a *Dona Lagartixa.. xá* é AMADA, importante, ÚTIL e feliz. Já está até com um belo companheiro... e pensam em ter filhos!

O povo que não tem o que falar gosta de comentar, dizem que nascerão filhos horríveis, mas ela não está nem aí, já não dá mais bola para estes comentários.

Muitas amigas da menina, estão a espera que nasçam logo novas lagartixinhas, tão especiais e úteis quanto a Dona... Lagartixa... xá. Veja só quantas SURPRESAS a vida nos revela!

Vânia Lúcia Slaviero

"O que para a lagarta é o fim...
para a borboleta é apenas o começo."

TRANS... FORMAÇÃO

Era uma vez uma lagarta... que nasceu de pequenos ovinhos, sobre folhas verdes do chão... de uma linda floresta.

Rastejava sobre a terra... buscando se firmar. Aprendia a viver assim... conhecendo e se relacionando.

Alimentava-se, subindo nas árvores, abrigando-se na umidade da terra, em ritmo para muitos... MUITO lento e para ela... natural.

Dia após dia vivendo...

Um dia... chegada uma certa hora, hora talvez que só ela soubesse qual... alguma coisa começou a acontecer.

Sentiu vontade de tecer em volta de seu corpo delicados fios... que saiam de dentro de si mesma. Parecia uma espécie de casca de PROTEÇÃO... um casulo... envolvendo-a inteira.

E ali dentro, foi ficando por um bom tempo... e eu pensando:

-"Tempo... tempo mágico e necessário".

Interessante que para muitas pessoas, ao olharem para aquele casulo pendurado no galho, achavam que ali não havia mais vida... parecia mesmo estar tudo morto...

-*"Não há movimento, não há cor, não se escuta nada... então não há vida"!* – alguns diziam.

Outros curiosos diziam já ter aberto alguns casulos e o que viram lá dentro? Uma massa se movimentando microscopicamente de forma extremamente lenta.

-*"Que coisa esquisita"*...

E os dias passavam... e por incrível que pareça... quando menos esperávamos... aquele mesmo casulo foi tomando uma certa tonalidade... um pouco de cor... e foi ficando transparente...

E na sabedoria do tempo... começaram a aparecer suaves movimentos.

-*"De quem? Como? O que?"* Quantas reflexões.

E em um dia de sol, o casulo começou a se abrir... e algo com um certo esforço... mas calmamente... foi saindo de dentro... e a abertura foi aumentando.

Um SER... com movimentos firmes e leves... começa a se esticar, espreguiçar, abrindo-se mais e mais para os raios de Sol... e numa espécie de magia... lindos pares de asas coloridas se estendem...

Este novo corpo que nasce... ou renasce buscando no desequilíbrio o equilíbrio...

E o casulo se abre inteiramente.

-*"O que vemos? Ohh... Uma linda borboleta".*

A lagarta em forma de uma linda borboleta... que está PRONTA para voar.

Voar em direção à luz do Sol para se aquecer... buscando mais brilho... mais cores... novos aromas.

Agora aquela lagarta pode ver, ouvir e sentir o mundo de uma forma diferente... SENDO borboleta. Ela agora voa... até a copa das árvores mais altas.

Voa alimentando-se do néctar das flores... é leve... e livre... é suave... embeleza a vida...

Parecendo frágil... FORTE se revela, pois para dali sair, soube usar sua PRÓPRIA sabedoria.

Contam que algumas pessoas muuuito bondosas, tentaram ajudar o casulo a se abrir ao verem o esforço enorme das patinhas tentando do casulo sair. Mas esta ajuda só piorou e a borboleta fraca ficou e não pode voar. Então se descobriu que cada um deve fazer o seu próprio esforço para um dia VOAR.

Agora ela FORTE E BELA, voa livre... semeando o pólen das flores que em suas patas leva...

Espalha mais vida e beleza em toda natureza... até mesmo novos ovinhos, para que nasçam mais lagartinhas...

O Sábio das Flores diz que as lagartas admiram e amam as borboletas... pois já nascem sabendo, no seu íntimo, que um dia VOARÃO...

Assim vivem com SERENIDADE, ensinando que nascer... crescer e morrer... são apenas CICLOS de uma mesma e eterna vida... em constante Metamorfose e TransformAção.

Vânia Lúcia Slaviero

"Quem tenta ajudar uma borboleta a sair do casulo a mata.
Quem tenta ajudar um broto a sair da semente o destrói.
Há certas coisas que não podem ser ajudadas.
Tem que acontecer de dentro para fora."
Rubem Alves

✿A BORBOLETA DE DUAS CABEÇAS

Era uma vez um jardim encantado, repleto de lindas flores.

Ali tudo podia ser diferente... até os animais falavam...

O perfume das flores no ar... convidava as crianças daquela vizinhança a brincar neste jardim... e ali o Espoleta, a Solar e seus amiguinhos inventavam brincadeiras para se divertir.

Era uma tarde, enquanto brincavam, Solar foi olhando mais atentamente para o céu azul...

Foi quando exclamou surpresa:

- *"Olhe... veja só"!*

Um bichinho voava calmamente pousando perto de uma flor...

- *"Nunca vi um bichinho assim, parece uma borboleta"*. Espoleta curioso comentou.

E um beija-flor que ali tomava seu banho de sol contou...

- *"É uma borboleta"*.

- *"Não é não"*! Solar rapidamente falou.

- *"É sim... eu conheço faz um tempão"*. Retrucou o beija-flor.

- *"Mas tem duas cabeças"*. Solar continuou.

- *"É mesmo... tem duas cabeças... porque será"*? Comentou Espoleta.

O beija-flor sugeriu, no meio desta conversa toda, que eles fossem olhar mais de perto... e eles então, foram acompanhando a linda borboleta de duas cabeças.

Ela voava leve... indo de flor e flor... parecia degustar o néctar de cada flor...

Suas asas linda, coloridas e longas... dançavam de encontro ao ar...

- *"Como é linda! Parece ser a mais bela de todas"*.

- *"O que ela tem de diferente"?* Perguntaram ao beija-flor.

- *"Por que vocês não vão lá perto para descobrir"?*

Curiosos e com muito cuidado... aproximaram-se da borboleta ... que estava descansando, sobre uma pétala cor-de-rosa...

-"*Olá, você é uma borboleta*"?

Com sua voz doce e suave... ela respondeu:-"*Sim, eu sou*".

-"*Por que você é diferente*"? Solar perguntou.

-"*Como assim*"?

-"*Por que você tem duas cabeças*"?

-"*Eu? Duas cabeças?* Sorrindo conti-nuou. *Tenho só uma! Olhem só*".

-"*Não! Estamos vendo outra cabeça*".

E então a outra cabeça olhou para as crianças e disse: -"*Esta é a minha cabeça*".

-"*Ué!* disse Solar... *quem falou*"?

-"*Eu, a outra borboleta*".

-"*Ahhh! Então são duas borboletas*"!

E elas responderam juntas — "*Sim, somos duas*".

-"*E por que você a carrega? Não é pesada*"?

-"*Não, ela é minha amiga e é leve como o ar. Somos companheiras*".

-"*Mas por que vocês não voam uma do lado da outra como as outras borboletas*"?

-"*Ahhh! É que eu não posso voar. Nasci sem uma asa*"...

As crianças entreolharam-se e exclamaram... -"*Oooohhh*"!

E neste instante, um SILÊNCIO profundo envolveu todo o lugar...

O beija-flor então aproximou-se cantando:

-"*Por isto você é tão linda... a sua bondade deixa suas cores mais brilhantes*"...

-"*Mas eu só estou sendo AMIGA...* comentou a borboleta... *eu a levo ela me AJUDA em tantas coisas... conversa comigo... me ouve... nos divertimos levando pólen das plantas para vários jardins*"... E a borboleta sem uma asa continuou:

-"Se ela não me ajudasse eu não poderia conhecer o céu azul... o sol... as flores... provavelmente algum bichinho me comeria... e juntas nós até podemos ajudar outros bichinhos a viver melhor... sou muito AGRADECIDA a esta querida amiga"...

E as borboletas entreolharam-se tão carinhosamente... que todos podiam sentir a presença do verdadeiro SIGNIFICADO da amizade, ali presente.

E assim ficaram a tarde inteira conversando com as borboletas e o beija-flor... aprendendo muito a respeito do que significa... respeito, AMOR e vida.

E no final do dia, já satisfeitos voltaram para suas casas, espalhando este contentamento para todos os que encontravam pelo caminho... sabendo que ali podem retornar sempre, para brincar e aprender mais com toda a Natureza.

Vânia Lúcia Slaviero

METÁFORA NA ESCOLA: TROQUE UMA IDEIA E DIVIRTA-SE

1. O que você aprendeu com esta metáfora? Promova um bate papo.
2. Que tal fazer um teatrinho espontâneo com esta história? Ou uma poesia encenada.
3. Crie uma semana da bondade e solidariedade na escola onde os personagens estarão presentes.
4. Convide os alunos a escreverem uma história com estes valores essenciais. Depois compartilhem. Escrevam um livro juntos e façam uma exposição.

*Ver livro "A borboleta de duas cabeças", de Vânia Slaviero, Ilustrado pelo artista plástico Roberto Sabatella Adam.

*"O Girassol está focado sempre em busca do Sol
mesmo nos dias mais nebulosos.
Pois gira o sol e o girassol gira
brindando a vida em seu esplendor.
Que nós homens possamos aprender a focar
o lado luminoso de todas as coisas
que nos acontecem valorizando os raios de sol
que já recebemos gratuitamente todos os dias".*
Guenther Schreiber Junior

PEDAGOGIA AFETIVA

Vou contar algo que você já sabe de cor... há uma confusão nas relações.

Educação Sexual na escola, antes de ensinar Afetividade... está criando uma confusão.

Hoje em dia a maioria dos adolescentes não sabem o que é afetividade de verdade.

Então, para que pular etapas? Já ensinar a botar camisinha, tomar anticoncepcional se nem sequer foi ensinado o que é emoção... amor... AMOR natural!

Falar do coração... não só como um órgão, mas sim como o maravilhoso cérebro emocional... pois ele conta uma história a cada pulsAção...

-*"Abraço de coração... sem provocação"*!

-*"Beijo no rosto, sem malicia"!*

-*"Mão com mão, respeitando a simplicidade e pureza, de um irmão"!*

-*"Olhar e ser olhado sem invasão... aprendendo a doçura da serenidade"!*

Quanta intimidade o SER pode compartilhar sem precisar ainda ir à sexualidade?

É que a maioria de nós, também dos pais, educadores... não alcançaram este saber... ninguém nos ensinou. A sociedade estava preocupada em distorcer as relações, criando mais confusão.

Afeto não é sexo.

Pode-se ter AFETO por todas as pessoas.

Do mesmo, ou do outro sexo, afeto por uma criança, adulto, irmão, pai, mãe, professor, aluno, diretor... Uma mestra, um mestre, Jesus, Buda, Alah, Geová, Deus... por Si mesmo!

-"Pode ter sexo com AFETO"!

-"Afeto com sexo"!

-"Sexo sem afeto! Isto é o que mais está sendo vendido na mídia hoje em dia. Sexo sem afeto... e aqui está a grande distorção... matando o "coração""!

Fala-se de sexo, sem ter o menor conhecimento prático do "afeto". E esta distorção na relação vai levando a frustração.

Casais se maltratando, jovens de 13 anos engravidando... e não sabendo mais para onde ir!

Todos clamam por AFETO! Nem todos pelo sexo!

Cuidado para não perder o dom do amor. O afeto é a LUZ expressa do puro AMOR.

Vânia Lúcia Slaviero

"Quando questionar algo lembre-se que perguntar,
"por que" o reporta ao passado e,
"para quê" ao futuro".

Norma De Marchi Assunção

DISCUTINDO A RELAÇÃO

Era uma vez um casal que estava passando por várias dificuldades na relação. Neste dia buscavam se acertar, enquanto assistiam um filme juntos degustando um quitute bem gostoso. De repente ela resolveu comentar o que havia lido em um livro.

-*"Mas porque você está parando o filme"?* Diz ele.

-*"Porque é muito importante o que tenho para ler para você. Diz respeito a nossa relação".*

-*"Mas deixa para depois. Você sempre tem que inventar moda na hora errada".*

Ela pegou o livro e calmamente começou a ler uma história sobre relacionamentos... e como eles estavam buscando se acertar... ele resolveu ter paciência para ouvi-la.

-*"Você sabia que há casais que são tipo TÊNIS e outros tipo FRESCOBOL"?*

Como ele gostava de esportes levantou o olhar e ela percebeu que podia continuar.

-*"Como assim... tênis e frescobol"?* Ele perguntou.

-*"Rubem Alves já vai nos explicar... ele diz que existem relações assim"...*

"O TÊNIS é um jogo onde o objetivo é derrotar o adversário. E a sua derrota se revela no seu erro: o outro foi incapaz de devolver a bola. Joga-se tênis para fazer o outro errar. O bom jogador é aquele que tem a exata noção do ponto fraco do seu adversário... O prazer do tênis se encontra, portanto, justamente no momento em que o jogo não pode mais continuar porque o adversário foi colocado fora de jogo. Termina sempre com a alegria de um e a tristeza de outro.

-*"E o frescobol?*

O FRESCOBOL se parece muito com o tênis: dois jogadores, duas raquetes e uma bola. Só que, para o jogo ser bom, é preciso que nenhum dos dois perca. Se a bola veio meio torta, a gente sabe que não foi de propósito e faz o maior esforço do mundo para devolvê-la gostosa, no lugar certo, para que o outro possa pegá-la. Não existe adversário porque não há ninguém a ser derrotado. Aqui ou os dois ganham ou ninguém ganha. E ninguém fica feliz quando o outro erra -pois o que se deseja é que ninguém erre... o que errou pede desculpas; e o que provocou o erro se sente culpado. Mas não tem importância: começa-se de novo este delicioso jogo em que ninguém marca pontos"...

Ao terminar a leitura, os dois já estavam ACONCHEGADOS um ao outro, entendendo o recado tão claro e verdadeiro.

Vânia Lúcia Slaviero

Sugestão: Utilizar esta metáfora no estudo da empatia - rapport. Antes de ler a metáfora, pode-se fazer uma dinâmica com raquetes de frescobol, ou usar as próprias mãos jogando a bolinha de tênis. Simulando uma partida de tênis e depois frescobol. Só então contar a metáfora e fazer um fórum. Pode ler a metáfora inteira de Rubem Alves.

Técnica da Libertação da Forma Pensamento (FP)

Vamos iniciar fazendo três respirações bem conscientes.

Crie um Círculo Especial ao seu lado ou atrás, onde ali dentro imaginaremos e convidaremos com todo respeito um Mestre ou Ser Especial, ou Anjo, ou sua Mente Sábia, ou Deus... uma Presença Sagrada que represente para você Proteção. (pausa)

Agradeça e entraremos em contato com esta Presença quando necessário.

Agora observe se há um desconforto ou pensamento... algo que o incomoda e que quer se libertar. "FP"

Você pode escolher um objeto ou símbolo que possa metaforicamente representar a "FP" neste momento. Pode até mesmo dar um nome simbólico, mesmo que não tenha lógica.

1. Coloque a "FP" 1 a 2 passos à sua frente (na cadeira ou no círculo imaginário desenhado no chão).

2. Perceba como se dá a conexão da "FP" com o seu corpo? Ex: imagem, forma de ligação, textura, cor, aroma, sabor, temperatura, som, etc... Aceite as emoções naturalmente. (pausa)

3. Agora, solicitamos a ajuda da Presença Sagrada que está no Círculo Especial para lhe acompanhar nos próximos passos. (pausa)

4. Imagine-se deixando a si mesmo com seus julgamentos aqui onde está e vá fisicamente assumindo o lugar da "FP"... e sendo esta "FP" diga em voz alta:

– *"Eu sou a "FP"... tenho tal cor, textura, movimentos, sons e sinto..."* (descreva o que vier sem julgamentos).

– *"Sendo esta "FP", minha "Intenção Positiva" é? Meu aprendizado é"?* (pausa)

Aceite as emoções... agradeça o que vier, solte bem o ar, relaxe... (mesmo se não vierem respostas, tudo tem o seu tempo certo).

5. Muito bem. Deixe tudo ali e saia deste espaço da "FP" dizendo: – *"Eu agradeço tudo o que aprendi, e devolvo esta "FP" para o local de onde ela veio... ou para o Universo, devolvo e peço que se transforme em Pura Luz. Com Amor eu me despeço. Minha consciência escolhe... Isto eu determino que acabou!".* (repetir)

Movimente os olhos para todos os lados... solte o Sopro Há pela boca. Espreguice-se.

6. Volte para o seu lugar inicial agora como um "Observador Consciente".

7. Então neste momento especial, solicite novamente a ajuda da Presença Sagrada para Libertar e tirar de seu corpo, encaminhando esta "FP". Use movimentos corporais e também o simbolismo que for melhor para você. Ex: balão de luz, fogo, vento que leva para o infinito, desintegrar, transmutação, etc.

8. Agradeça e então deixe surgir uma Frase Evolutiva "F.E." para si mesmo. Então repita 3 vezes em voz alta e com convicção.

9. Medite... observe-se e relaxe. Imagine os efeitos benéficos desta Libertação no seu futuro. (pausa) Então viva o PRESENTE... como um grande Presente! Confie... você Merece.

Diariamente ao meditar, visualize-se SAUDÁVEL e FELIZ e repita: – *"Eu estou cada vez melhor... melhor e melhor".*

Obs: Conduza um relax de 10 minutos entrando no TEMPLO DE CURA CRIATIVO e ali veja, ouça e sinta todo o seu SER e sua vida perfeitamente SAUDÁVEL E FELIZ.

Vânia Lúcia Slaviero

COMO TRANSFORMAR SENTIMENTOS, CONFLITOS, DORES... EM METÁFORAS?

Relatos Verdadeiros
Atendimentos Individuais utilizando a Programação Neurolinguística com Metáforas

"Toda dor pode ser suportada se sobre ela puder ser contada uma história."

Hannah Arendt

Na calada da noite
Repousa no leito o corpo
Memórias e vivências brincam...
Na ciranda do tempo.

Quebram-se as amarras do tempo...
E sem lastro dos segundos...
Descobre-se VIDA.
Idade e tempo caminham lado a lado.
O tempo sempre jovem...
A idade se curva
Para o tempo passar...

Iracema Stancati Rodrigues

A MORDAÇA

Era uma vez uma cliente de 32 anos, apresentava-se com o rosto e boca muito contraídos...

-*"O que você está buscando"?*

-*"Sabe, sinto frequentemente dores de garganta... tosse... ah e também minha vida profissional está bem bloqueada. Já tentei de tudo... e não sei o que me amarra.*

Escuto por uns minutos, percebo sua respiração, gestos, faço algumas anotações do que é mais relevante em seu tom de voz e depois sugiro um olhar para dentro de si mesma...

-*"A medida que ouve os sons do ambiente... percebendo ao mesmo tempo seus pensamentos... pode ir aprofundando sua respiração... muito bem... e assim você pode relaxar mais e mais"...* (percebia em seu rosto e respiração que ela já estava me acompanhando).

Fiz uma âncora de bem estar através de minha voz e respiração.

-*"Por favor, mantendo-se neste estado, vá descrevendo na medida do possível as suas sensações"...*

E ela devagar, de olhos fechados começou a relatar: -*"Sinto uma coisa desagradável no pescoço"...* (tensionava o rosto ao falar).

-*"Se possível entre nesta sensação. Lembre, estou aqui com você para lhe ajudar".*

-*"Sinto minha garganta presa lá dentro... algo apertando muito... muito"...*

-*"Se você pudesse imaginar... com o que isto se parece"?*

-*"Como se eu estivesse em uma gaiola trancada (pausa) hum... e também me vejo com uma mordaça na boca... bem apertada. É difícil falar".*

-*"Se você pudesse imaginar... o que ou quem colocou a mordaça"?*

-*"Parece um homem... hummm... e sinto como se fosse familiar".*

E a boca tensionava mais e a voz estava mais presa.

-*"Desde quando sente isto"?*

-*"Desde sempre".* Ela responde sem pensar.

-"Se pudesse perguntar para esta situação ou para este homem... o que ele quer ou quis trazer de bom para você com esta atitude, qual a primeira resposta que vem"?

-"Parece que é para me segurar... hummm... me PROTEGER... que estranho".

-"Você gosta de se sentir protegida"?

-"Sim, mas não assim"!

-"Muito bem, podemos buscar modificar isto, mas antes, quando puder, agora... agradeça esta INTENÇÃO de proteção". (pausa)

-"Você hoje saberia se proteger se estivesse fora da gaiola e sem a mordaça"?

-"Sim, com certeza... posso por limites, sei me posicionar. Quero tirar esta mordaça".

-"O que você pode fazer para isto? Pode usar seu corpo para ajudar? Ou necessita de ajuda?".

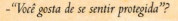

E ela com as próprias mãos fez o gesto de arrancar a mordaça com muita força. E jogou longe.

-"Ótimo... agora fale tudo o que gostaria de falar para ele em voz alta ou mentalmente".

Ela ficou um tempo em silêncio balbuciando.

Sugeri fazer 3 x a respiração profunda soltando bem alto o Sopro Há. E ela fez... e sorriu.

Movimentou a boca e o pescoço dizendo se sentir aliviada.

-"Ainda sinto que estou na gaiola. Quero bater as asas... mas não tenho espaço".

-"E como você pode sair da gaiola? Use sua imaginação... aqui tudo é possível. Não precisa ter lógica, só precisa ser útil, construtivo e harmonioso".

Usou as mãos para abrir as portas e simulou um voo... e sorriu...

-"Muito bem... e agora o que você precisa para se manter bem"?

-"Libertar esta pessoa que me colocou ali".

Fizemos a técnica inspirada no *hooponopono*. Eu falava e ela repetia em voz alta:

-"Homem (nome ou símbolo que vem a mente) Eu sinto muito... Eu te perdoo... Me perdoe... Eu me perdoo... Respeito você (ou Amo você) e Sou grata".

Repetiu várias vezes e chorou muito.

-*"Que bom, deixe esvaziar... assoe bem o nariz para limpar. Isto faz parte da sua limpeza e libertação interna"...* Dei um tempo para ela se recompor e continuei:

-*"Agora, imagine que está colocando dentro de um balão luminoso a gaiola e a mordaça... e em cada expiração visualize que isto vai indo para o infinito do céu azul... pedindo para se desintegrar ou ser transmutado em algo bom... isso... faça em torno de 10 respirações até aquilo tudo desaparecer".*

E ela sinalizou que havia feito e pediu: -*"Quero fazer isto com o homem também."*

-*"Muito bem. Da mesma forma, coloque aquele homem dentro de um balão também... e faça o mesmo usando sua imaginação e respiração".*

E foi fazendo e se aliviando mais e mais...

-*"Como está"?*

-*"Muito bem... estou aliviada... minha garganta está leve e limpa".*

-*"Ótimo... Veja-se JÁ levando estes resultados e informações para daqui uma semana... um mês... 1 ano... como será"?*

-*"Vejo-me sorrindo (pausa), mais alegre... trabalhando no que gosto... e convivendo em paz com as pessoas, com minha família. Sinto-me mais livre".*

-*"Repita em voz alta: -"Eu sou alegre...trabalho no que gosto... convivo em paz com as pessoas... sou livre e feliz."*

-*"Agradeça a sua sabedoria interior por ter nos auxiliado e guiado com tanta sabedoria... e já venha voltando para o aqui e agora".*

Ela abriu os olhos e sorriu... seu rosto estava relaxado e sua voz calma e suave.

Obs: Ao final pedimos para a cliente dizer que dia é hoje, mês, ano... trazendo a Mente para o Presente com confiança.

Tarefa:

Fazer 10 respirações abdominais em meditação com visualizações construtivas que apareceram na sessão. Repetir as afirmações (construídas por ela mesma) durante a sessão como um Mantra Pessoal. Quanto mais repetir melhor. A "repetição construtiva consciente" age como um antivírus no bio-computador.

Obs: Às vezes ela vem praticar yoga comigo e me contou que está trabalhando com satisfação e aprendeu a se "comunicar claramente, colocando limites" nas pessoas que a incomodavam, mas sempre com "respeito e educação".

Seu rosto está sereno e ela se encontra mais sorridente e saudável.

"Três coisas não podem ser escondidas por muito tempo: o sol, a lua e a verdade".

Buda

A ONDA

Era uma mulher bonita, de ótima aparência... inteligente, próspera e independente.

Por volta de seus 38 anos... administrava os negócios de sua família.

Algo a perturbava. Suas relações amorosas não davam certo. Quanta ansiedade e expectativa projetava no outro desde o primeiro dia. O coração palpitava, a mente não parava e a insegurança brotava... as relações não duravam mais do que um mês.

- *"Não tem fundamento Vânia. Vou ficar para titia. Faço piada para não chorar".*

Instalei uma âncora de bem estar com leve toque no braço e meu tom de voz e comecei a fazer o levantamento usando a PNL em introspecção:

- *"Desde quando se sente assim? Lembra de algum episódio que tenha lhe chamado a atenção?*

- *"Sinto isto desde a adolescência... mas não me recordo de nada em especial."*

- *"Tudo bem... então descreva em detalhes como você se sente em relação a isto".*

- *"Quando penso ou quando estou com um homem... sinto no peito algo gigante... grande... que me apavora... parece que vai me engolir... e tento afastar isto de mim... mas não consigo... e acabo estragando tudo".*

- *"Se você pudesse escolher algo para simbolizar isto o que poderia ser? Fale a primeira coisa que vier em sua mente".*

- *"Humm* -ela mudou a fisiologia, seu rosto ficou tenso- *É uma grande onda... parece que vai me engolir... é horrível".*

- *"Muito bem... abra os olhos e respire fundo soltando bem o ar"...* e acionei a âncora instalada de bem estar enquanto dizia... *"agradeça a sua mente por esta preciosa informação e vamos dar atenção para isto... pode ser"?*

- *"Sim, eu quero"*.

Peguei uma cadeira e coloquei na frente dela dois passos de distância (a distância é variável).

- *"Por favor, vamos fazer de conta, usando a imaginação, que você pode colocar simbolicamente esta "onda" na cadeira aqui a sua frente"?*

- *"Vou tentar. Pronto... ela é muito grande"...* (incentivei que continuasse descrevendo) *"ela é gigante e eu sou bem pequena perto dela... ela é azul... fria... e se movimenta na minha direção... parece que quer me engolir".*

- *"Como ela está conectada em você? Onde você sente em seu corpo"?*

- *"Ela está presa em meus olhos e garganta... quero gritar mas não posso".*

- *"Aqui você pode. Grite"*. E ela gritou... e chorou.

- *"Nossa... estou olhando para a onda mas está me vindo uma cena... sou pequena na beira do mar e meu irmão é muito grande e parece que ele vem brincar comigo e vem me afogar... tenho medo dele e quero mantê-lo distante... grito e ninguém me ouve. Os olhos de meu irmão são azuis da cor da onda. Nossa, lembro que isto aconteceu quando eu tinha por volta de 5 anos e nunca mais havia pensado nisto... mas minha relação com meu irmão sempre foi tensa... quero fugir dele... ele me sufoca".*

E surpresa falou: -*"Ah acho que é por isso que tenho tanto medo do mar... e a sensação é igual quando vou ter relação com os homens".*

Deixei uns instantes ela chorar para aliviar a carga emocional de seu corpo e depois continuei conduzindo.

- *"Mantenha esta imagem na cadeira a sua frente... quem está ali agora"?*

- *"É meu irmão gigante... ligado por um fio grosso e gosmento nos meus olhos e garganta".*

- *"Faça de conta que você pode conversar com ele por uns instantes... pode ir até lá ou de onde você está... (pausa) Agora pergunte o que ele quer de bom para você nesta relação"?*

- *"Ele diz que só queria brincar comigo no mar... mas a onda veio e deu caldo em mim... como ele era pequeno também não conseguiu me pegar... quase me afoguei... mas ele quis me proteger... por ser o mais velho da casa. Nossos pais são separados desde aquele tempo"*. Ficou emocionada.

- *"Agradeça-o pela boa intenção... (pausa) e diga o que você gostaria de dizer a ele"...*

- *"Já cresci... sou adulta e sei me cuidar... Obrigada, mas pode parar de se preocupar comigo."*

- *"Muito bem... então use sua imaginação, sua respiração e seu corpo para modificar esta cena"...*

E ela soltou respirações bem altas e com as mãos ia mexendo na altura dos olhos e garganta como se tirasse algo dali: -*"Estou diminuindo ele de tamanho... está ficando na minha altura... estou tirando o fio e devolvendo para ele... para que ele use esta proteção agora com quem necessitar... (pausa)... PRONTO... estou limpa".*

109

-*"O que você quer fazer agora com isto tudo"?*

-*"Quero perdoá-lo".*

Usamos a técnica do perdão *"hooponopono"* onde eu falava e ela repetia em voz alta:

-*"(fulano) Eu sinto muito. Eu te perdoo... Me perdoe... Amo você (ou respeito você)... e Sou grata".* Ela repetiu várias vezes e se emocionou agora aliviada.

-*"Como está se sentindo"?*

-*"Muito bem... relaxada"...*

-*"Falta algo para ficar melhor ainda? Deixe sua intuição e imaginação lhe ajudarem"?*

-*"Sim... estou colocando ele dentro de uma luz azul e assoprando para ir para o coração de Deus... para Deus cuidar dele por mim... assim LIBERTO a ele e a mim".*

Deixei-a fazendo isto silenciosamente alguns instantes.

-*"Como está agora"?*

-*"Ótima".* E sorriu.

-*"Por favor lembre da onda... como ela vem na sua mente"?*

-*"Ahhh... não está mais onda... é um mar bem rasinho e manso... onde eu molho os pés e me divirto"...*

-*"Isto... então imagine-se levando estes aprendizados para o futuro"...*

-*"Humm muito bom... me vejo mais solta nas relações... brincando... sorrindo... e com um namorado... depois me vejo casando... e tendo filhos daqui uns anos... que gostoso".*

-*"Muito bem. Volte para o Presente e repita:*

Eu Confio que é Possível porque Eu Mereço. Eu Acredito que estou curada porque eu Mereço".

E ela repetiu.

"Agora de 1 a 10 que nota você se dá ao fazer estas afirmações"?

-*"10". E sorrindo me deu um gostoso abraço.*

Nas 3 próximas sessões trabalhamos a técnica de "Boa Formulação de Objetivos Completa", onde em relaxamento trouxe a imagem de sua metáfora ideal de relacionamento... e então desenhou e criou afirmações positivas para repetir em casa nas meditações com visualizações. E onde surgiram impedimentos, limpamos com o EFT e Linha do Tempo usando a linguagem metafórica que ia surgindo no dia. Levou as tarefas para casa e praticou.

Sua relação com o irmão ficou bem mais leve e ela soube por limites com respeito... e depois de uns meses ela já estava com uma relação amorosa forte e duradoura.

Vânia Lúcia Slaviero

*"Não existe um caminho para a felicidade.
A felicidade é o caminho".*
Mahatma Gandhi

COTOVELO ENCANTADO

Em uma aula de PNL... um dos meus alunos estava cochichando com a colega ao lado... parei a aula e perguntei se eu poderia ajudá-los.

- *"Ah, é que estou com muita dor no meu cotovelo... não consigo me concentrar."*

- *"Por favor, você gostaria de vir até aqui fazer uma experiência? Vamos utilizar as metáforas corporais da PNL para lhe ajudar".*

E ele veio. Um homem forte com mais de 50 anos. Sentou-se ao meu lado e conduzi uma introspecção de 2 minutos apenas para acessar mais informações internas... e assim começamos a investigação.

- *"Você pode me descrever em detalhes o que sente"?* Perguntei.

- *"Ah dói muito..."*

- *"Ok. Quanto de 0 a 10? 10 seria máximo e 0 mínimo. Como é a característica desta dor"?*

- *"A nota é 10 e é uma dor pontuda como se tivesse uma agulha bem grande ali dentro me espetando. Fiz uma infiltração e desde lá dói muito mais. Lateja... sem parar. Pega bem aqui no cotovelo esquerdo... não consigo movimentar".* E fazia caretas de tanta dor, ao falar.

- "Muito bem. Obrigada pelas informações. Quando isto começou"?

- "Por volta de umas semanas".

- "Pergunte a sua sabedoria interior... o que esta dor quer trazer de bom para você"?

- "Não vem nada de bom"...

- "Lembre que todo comportamento por mais estranho que seja, tem uma intenção positiva para quem o pratica... e que não existem erros, apenas resultados".

- "Sim..."

- "Muito bem, então faça de conta que você pode ver ou ouvir uma mensagem do que esta dor quer trazer de bom para você? E valorize a primeira mensagem que vier... pode ser por imagem ou sons ou sensações... e me avise, por favor".

- "Hummm... diz que quer me proteger. Fico muito no computador".

- "Agradeça esta informação que é bem importante. Agora converse, negocie com ela... o que você pode fazer para ajudá-la".

- "Estou falando que irei buscar melhorar os movimentos... e vou me alongar mais".

- "Muito bem. Então imagine o que poderia aliviar seu cotovelo neste momento"?

- "Ah, se saísse esta agulha dali".

- "Quem pode tirar a agulha para você? Você mesmo ou alguém especial"?

- "Eu mesmo consigo". E usando a outra mão imaginariamente arrancou com força a agulha e colocou fora.

- "Retirou tudo? Use suas mãos para limpar bem". Falei a ele. "Se precisar faça um curativo, coloque algo ali para cicatrizar".

- "Estou limpando e fazendo um curativo para fechar o buraco". E tocou suavemente o local, massageando.

- "Excelente. Visualize-se agora, curado no futuro: ainda hoje - amanhã - semana que vem... (pausa). Tome uma inspiração profunda e retorne. Abra seus olhos... e movimente-se. Como está o cotovelo de 0 a 10...

- "Hahahaha... que incrível... está 0. Não sinto mais nada no cotovelo! NADA! Que impressionante".

Levantou e me deu um abraço forte. Agradeceu e foi compartilhar com os colegas o que estava sentindo.

(Sugeri a ele que tivesse os cuidados de alongamentos etc... sugeridos durante o exercício para honrar seu compromisso e que "se" voltasse alguma sensação durante a semana, por hábito ou resquícios, que continuasse a fazer as visualizações). Seu cotovelo ficou bem.

Técnicas: "Descriar" e "Forma Pensamento" utilizando as Metáforas Orgânicas do cliente.

> *"Embora ninguém possa voltar atrás*
> *e fazer um novo começo,*
> *qualquer um pode começar agora*
> *e fazer um novo fim".*
> Chico Xavier

À FLOR DA PELE

A mãe de uma menininha de 5 anos veio a mim. A menina com uma afecção cutânea na perna direita que coçava muito. O médico diagnosticou como Dermatite Atópica e aconselhou que ela fosse falar com uma psicóloga para ajudá-la. Ao chegar em minha sala, falei: -"Olá! Eu sou a psicóloga e gostaria de saber em que posso lhe ajudar"?

A menina respondeu: -"Oi! Você pode curar a minha alergia"?

-"Entendo o que você está me pedindo e estou certa de que você quer começar logo o tratamento para se livrar deste desconforto. Quero muito que você fique boa logo".

-"É! Eu quero sim. Muito chato ter alergia. Quando vai começar"?

-"Agora mesmo! Está pronta"?

-"Sim".

-"Ótimo. Você pode me dizer em que parte de seu corpo está a sua alergia"?

-"Posso. É na minha perna". Levanta a barra da calça até a metade da coxa, ela mostra as lesões e diz : -"É nesta perna aqui. Antes tava pouco, mas agora tá bastante espalhada".

-"Vamos continuar. Vou lhe dar uma folha de papel e um lápis e você vai se desenhar. Localize no desenho do seu corpo a sua alergia".

-"Tá bem. Eu gosto de desenhar".

Ela desenha uma menina e na perna coloca vários pontinhos pretos bem reforçados. Quando termina pergunto a ela:

113

-"Se tivesse um som, como seria"?

-"Tec-tec-tec".

-"Que forma teria"?

-"Redonda".

-"Qual a temperatura"?

-"Gelada".

-"E o peso, qual seria"?

-"Leve".

-"Tem cheiro"?

-"Cheiro forte de álcool".

-"Está indo muito bem. Vamos continuar. Você pode dizer para este desenho: "Isto eu fiz e vou desfazer"...

-Sim. Repetiu 3 vezes.

Agora olhe para este desenho que está representando a sua alergia e que você quer livrar-se dela. Você não quer mais com você. Não precisa mais dela. Faça o que você quiser fazer com este desenho".

A menina olha para o desenho por alguns instantes, em seguida começa a picar em pedaços pequenos o desenho, quando termina diz:

-"Pronto. E agora o que é para fazer"?

-"Então, você vai juntar os pedaços de papel e vai fazer de conta que vai enterrar".

Olhamos ao redor e vimos a cesta de lixo que poderia representar isto.

A menina com os pedaços de papel picado, vai até o cesto de lixo e joga ali. Se despede.

-"Muito bem, você já limpou sua perna... quer colocar outra coisa ou imagem ali agora"?

E ela visualizou flores coloridas... perfumadas... bem agradáveis. E reforçamos esta imagem.

-"Muito bem... quero que você se veja daqui a 1 dia... 2 dias... ótima, saudável, do jeito que você quer... daqui uma semana também... um mês... um ano"...

-"Aí, aí! Que bom"!

- 2ª. sessão ela chegou sorridente, querendo contar a novidade. Pede para repetir a "brincadeira", pois não tinha mais coceira... brincou e desenhou-se... e as pequenas pintinhas que ainda restavam, desenhou sem o negrito... e deu o som de *plim plim*... forma retangular, temperatura morna, peso nenhum, tamanho médio, cor roxa, cheiro bom de chocolate.

Repetiu as frases do exercício, mais alto nas três vezes. Pica o desenho, vai até o lixo e depois de jogá-los, acena com a mão dizendo *"tchau, tchau, alergia"*! Colocou no lugar as cores: rosa, azul e amarelo.

- 3° sessão ela entra mais feliz e quer repetir tudo novamente e sozinha. No relaxamento visualiza árvores e alguma delas com maçãs vermelhas. No desenho, além de fazer a menina, coloca mais detalhes, como o sol, as nuvens, pássaros, flores e incrível, não marca na perna os pontinhos que representam a alergia. Deu o som de *"blén-blón"*, forma de raio, temperatura quente, sem peso, tamanho pequeno, cor verde, cheiro de frutas. Repetiu as frases do exercício, bem alto nas três vezes e colocou as mãos na perna onde se concentrava pequenos pontinhos ainda. Picota o desenho, vai até o lixo e diz : -*"Até nunca mais"*!

- 4° sessão ela chega perguntando se JÁ está de alta, porque ela não tem mais alergia e me mostra a sua perna. Quer ir logo para o desenho e enquanto vai desenhando, ela vai contando uma historinha: *"A menina tinha uma doença e que depois que ela começou a entrar num jardim bonito, ela foi encontrando muitos amigos que ajudaram a sarar da sua doença e ela está muito feliz"*. Pede para ficar com o desenho e em seguida vem para me dar um abraço e agradece com um grande sorriso.

Rosangili Monteiro Zanardini
Psicóloga e Programadora Neurolinguística

A parte mais importante para a cura é aquela que criou a doença, então quando esta parte é transformada, passa dar apoio à saúde, em vez de sustentar a doença. Baseada na técnica do Descriar da PNL com Vânia Lúcia Slaviero

Este material faz parte do Trabalho de Conclusão de Curso - Neuroaprendizagem Avançada: Master em PNL (2014), disponível no Instituto Educacional De Bem Com a Vida.

> *Montanhas velejam eternas.*
> *Raras velas! Aéreas, do horizonte!*
> *Solidão, absoluta! Imensidão...*
> Ronaldo Teixeira

A CHAVE MÁGICA

Uma mulher vem ao atendimento de consultoria com a postura arcada, olhos e voz muito baixa, dizendo não haver saída para suas dores. Dores físicas, dores familiares, dores profissionais, dores existenciais. Tomava remédios para acalmar suas dores e não havia mais vontade de se levantar para a vida... nem para viver.

Convidei-a para falar a descrever suas dores.

- *"Não sei o que falar. Não vejo nada... é tudo escuro... muito escuro".*

- *"Imagine que estou lhe dando uma lanterna para iluminar esta escuridão... o que acontece"?*

Depois de falar um pouco, ergueu suavemente a cabeça e disse: - *"Hummm... ainda é bem nublado e escuro... mas parece que tem um portão grande fechado na minha frente".*

- *"O que sente ao ver este portão"?*

- *"Medo... e ao mesmo tempo vontade de ir até lá".*

- *"Como poderia resolver isto a contento"?*

- *"Quero tentar abrir o portão".*

- *"Por favor... vá até lá".*

- *"Eu não consigo abrir... é muito grande".*

- *"O que precisa para resolver isto"?*

- *"Alguém poderia me acompanhar".*

- *"Quem? Pode ser alguém de sua imaginação, ou uma pessoa conhecida ou um Ser Especial. Lembre que não há tempo e espaço... nem distância para nosso pensamento".*

- *"Sim. Percebo um Ser de muita Luz ao meu lado direito, não sei quem é, mas é bom".*

- *"Se ele pudesse lhe enviar uma mensagem o que ele diria agora"?*

-*"Para eu confiar. Me sinto mais calma".*

-*"Consegue abrir o portão"?*

-*"Parece ainda muito grande, preciso de uma ideia"...*

-*"Vou sugerir algumas possibilidades e você vai perguntar ao Ser de Luz qual ele acha melhor para lhe ajudar? Pular o muro com uma cama elástica, uma escada, uma chave, ou diminuir o portão de tamanho... ou você aumentar de tamanho"...*

Ela sorri... -*"Isto é engraçado, não tem lógica".*

-*"Sim, para a PNL não precisa ser lógico, só precisa funcionar em harmonia".*

-*"Ele diz que é para eu crescer e pegar a chave mágica que ele traz em seu pescoço".*

-*"Uau, que legal. Muito bem. Aproveite - este é o seu tempo e momento".*

E ela vai se ajeitando na cadeira... erguendo a postura, olhando para frente... respirando mais profundamente e seu rosto se mostra mais sereno.

-*"Pronto... entrei".*

-*"Onde"?*

-*"Em um grande salão. Está escuro".*

-*"Você pode pedir para clarear... veja se isto é possível"?*

-*"Sim... vamos abrir as janelas... humm... é uma sala de brinquedos... me vejo sozinha em um canto sentada".* E então neste momento ela chora.

-*"Pode chorar... isto é saudável... e estamos aqui se precisar".*

Alcancei o lenço de papel e pedi para assoar bem o nariz para limpar...

-*"Muito bem... o que você quer fazer"?*

-*"Quero falar com ela"...*

-*"Com cuidado e atenção vá até lá... (pausa)* e depois de uns minutos ela sorriu.

-*"Falei para ela que ela não está só... que sempre estarei cuidando dela. Ela disse que estava entediada e que queria gritar... e eu falei que ela podia".*

-*"Fez muito bem... quer gritar com ela".*

E ela gritou bem alto 3 x e riu.

-*"Muito bem... como ela está"?*

-*"Aliviada".*

- "Ótimo. Com gentileza, agora peça ao Ser de Luz enviar uma mensagem ou um presente para ela".

- "Ele está falando que ela pode falar tudo o que quiser, pois ela é inteligente... bonita... e esperta... e saberá COMO falar... e que ele vai dar a CHAVE MÁGICA para ela sair da sala e brincar lá fora quando quiser. (pausa) Pronto... ele pendurou a chave no pescoço dela e ela está feliz... já saiu da sala brincando".

- "Quer fazer mais alguma coisa ali"?

- "Não. Estou satisfeita".

- "Como você quer deixar este lugar"?

- "Vou deixar as janelas abertas desta sala, com bastante sol e o canto dos pássaros entrando".

- "Excelente. Ótima escolha. Você é a dona deste lugar e pode modificar tudo o que quiser para melhor lhe servir".

- "Pronto. O portão está aberto... não precisa mais fechar. Estou bem".

- "Ao sair, veja se está diferente a imagem deste lugar".

- "Nossa... ele ficou menor... ou eu cresci"? E ela riu.

- "Muito bem... agradeça a ajuda recebida (pausa) e venha voltando com esta sensação agradável. Você pode se imaginar daqui uma semana no futuro? (falei a data e ela afirmou com a cabeça) Imagine-se levando estas informações para lá... para daqui 1 mês... 1 ano... 2 anos... e assim você vai imaginando este bem estar triplicando"...

E ela ergueu os ombros e disse: - "Isto é muito bom. Meu corpo está leve... Quero viver mais esta sensação" (pausa).

- "Muito bem... agora volte para este momento (falei o dia e toquei levemente em seu ombro) e deixe seu coração lhe enviar uma afirmação para você levar como uma nova conexão... uma âncora".

E ela disse: - "A chave mágica está em minhas mãos. Eu sou inteligente, bonita, esperta e saudável". Repetiu mais 3 vezes bem alto.

- "Maravilhoso. Vou escrever esta frase e você repetirá muitas vezes durante o dia... sempre que quiser... esta é sua pílula homeopática da cura".

E ela sorriu e me envolveu em um gostoso abraço de gratidão.

Vânia Lúcia Slaviero

Esta mulher decidiu fazer o curso de PNL, práticas de yoga e se cuidar mais. Decidiu colocar a si mesma em primeiro lugar para voltar a ter bem estar. E assim fez.

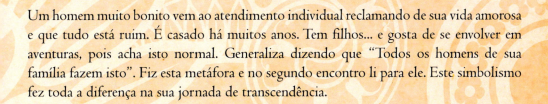

Um homem muito bonito vem ao atendimento individual reclamando de sua vida amorosa e que tudo está ruim. É casado há muitos anos. Tem filhos... e gosta de se envolver em aventuras, pois acha isto normal. Generaliza dizendo que "Todos os homens de sua família fazem isto". Fiz esta metáfora e no segundo encontro li para ele. Este simbolismo fez toda a diferença na sua jornada de transcendência.

A ÉGUA E O GARANHÃO

Sou uma borboleta e tenho uma história para você.

Era uma vez um pasto verdejante onde tudo ali era abundante.

Os cavalos eram esbeltos... as éguas com suas crinas longas... viçosas... relinchavam alegremente... era um cenário envolvente.

Anos foram assim... tudo em plena harmonia.

O "mas" de vez em quando acontece. A égua de crinas longas andava a relinchar de dor... ia de um canto ao outro do pasto... se lamentando com muito ardor.

Eu, a borboleta azul que sou conhecida de todos por ali, ao ouvir tanta dor... voei e ali pousei perguntando a ela: -"Minha amiga, o que está acontecendo"?

-*"Descobri que meu cavalo garanhão... pai de meus filhotes... está pegando outra égua daquele outro pasto... nunca imaginei que isto um dia pudesse acontecer... éramos um casal perfeito".*

E relinchava desconsolada. Senti que podia ajudar, pois conhecia o casal a um tempão... e fui voando de mansinho até encontrar o garanhão.

E o cavalo muito bonito, querido por todos... muito amigo, estava trabalhando ao sol.

-*"Bom dia meu amigo"...*

E o cavalo gentilmente, parou para descansar e ali conversar comigo.

-*"Seja bem vinda, o dia está muito lindo".*

119

-*"Desculpe a intromissão, mas sua esposa a égua, está chorando de montão... "*

-*"O que eu fiz"?*

-*"Você deve saber".*

-*"Ah não venha me repreender. Falei com ela e ela tem que aceitar. TODOS cavalos pulam a cerca. Isto é muito normal".*

-*"Todos? Normal"?* Eu o desafiei.

-*"Vai me dizer que tem algum que não faz isto? Meu avó, meu pai... todos que conheço neste pasto são assim".*

-*"Se eu disser que existem cavalos que são fiéis, você vai acreditar? E que se não está satisfeito pode sua égua libertar e então ser livre para viver novas aventuras sem se machucar"?*

-*"Ah... é fácil falar. Mas e se eu amar todas as éguas da mesma forma, isto não é espetacular"?*

-*"Para quem isto é legal? Só para você meu amigo... pois a outra você faz sofrer".*

E o cavalo olhou para baixo e em profunda reflexão falou:

-*"Vou lhe revelar um segredo. Desde que isto aconteceu, as coisas não estão mais funcionando direito. Meu trabalho está travado, meus amigos estão esquisitos, minha égua amada não está mais vibrante comigo... e eu não tenho nem dormido direito".*

-*"Pois é meu amigo, reflita se esta aventura não causou mais confusão".*

-*"Mas é que eu queria novidade... estava tudo tão monótono e igual".* E bateu o casco no chão.

-*"Meu amigo cavalo, a vida tem ciclos... quem sabe você precisa encontrar novidades, mas dentro de sua relação... criando novos caminhos para continuar sua missão".*

-*"Missão"?*

-*"Sim, quantos anos você tem"?*

-*"Ah, já estou na meia idade"...*

-*"Pois é meu querido amigo... já é hora de você contribuir na sua comunidade".*

-*"Mas sinto-me tão cheio de vida... vontade"...*

-*"Isto mesmo... é a hora certa da construção... você já é um cavalo experiente... mas pode se perder se não pegar o caminho certo".*

E o cavalo olhou para o alto sentindo em seu coração que aquilo fazia sentido.

-*"O que posso eu fazer... a não ser o mesmo que sempre fiz"?*

-"Pense. Olhe ao seu redor... quantos estão começando a jornada de vida... sem a sua sabedoria"?

-"Hummm... estou começando a entender. Posso pegar meus filhotes e ajudar também em outros pastos a trabalharem como sempre fiz... sou um cavalo de sucesso... e assim eu posso a eles dar suporte. Sabe que me sinto bem ao pensar nesta possibilidade"?

-"Com certeza... seu vigor e virilidade serão bem usados nesta nova jornada de vida".

-"Sei que minha égua querida vai querer me ajudar, pois lembro que muitas vezes ela comentava este desejo... mas eu achava que era só um devaneio".

E o cavalo agradecido... saiu correndo em direção a égua empinando sua patas da frente em total fulgor. Suas crinas brilhantes reluziam ao sol... e foi muito lindo vê-lo ajoelhando-se a frente da amada AGORA contente, e esta esfregou suas longas crinas cheirosas e reluzentes.

Tenho voado por este pasto... e o que lhe digo é verdade... eles estão tão juntinhos e felizes... agora ensinando muitos ofícios a vários cavalos aprendizes. Sua energia canalizou e sua mente se aquietou... encontrando sua real missão.

-"Seus filhos"? Estão orgulhosos por aprenderem, participarem e verem seus pais assim... construindo um mundo melhor, amoroso e próspero... fazendo o BEM não importa a quem!

Vânia Lúcia Slaviero

"Fora da caridade não há SalvAção"

Allan Kardec

A TEIA

Joana: 29 anos. É casada, trabalha em uma empresa e tem um filho... me procura aflita pois precisa de uma ajuda imediata pois tinha que conversar com a sogra daqui quatro dias e necessita de equilíbrio. Têm alergias, rinite e o filho também. A sogra invade muito os limites do casal sem pedir permissão.

Conta toda a história de namoro, casamento e envolvimento com a família dele. Suas dificuldades e intenções. Percebi e anotei que cinco vezes durante o relato ela esfregava o pescoço e dizia: -"*Está tudo embolado aqui*". Dei um tempo para ela falar um pouco mais e quando senti que podia iniciar a intervenção sugeri:

-"*Por favor, se puder fechar seus olhos e me descrever o que sente ou o que tem ali no pescoço ou garganta*"...

-"*Não consigo ver nada... nem sentir nada*"...

E esticava o pescoço... bem aflita.

-"*Convide sua imaginação para auxiliar... e faça de conta que pode ver algo, por mais vago que possa ser. (pausa) Pois você me falou várias vezes aqui, que tem algo ali*"...

-"*Hummm... é uma teia preta*". E começou a chorar...

-"*Me descreva esta teia, por favor*".

-"*Ela é grande, densa e tem vários buracos que é por onde eu ainda consigo falar, mas com muita dificuldade... é bem preta*". E vinha a aflição e ela movimentava o pescoço, incomodada.

-"*E quem colocou ela ali? Como ela surgiu*"?

-"*Ahhh.. tem uma aranha aqui*". E apontou bem no meio do pescoço.

-"*Como é esta aranha*"?

-"*Agora ela é bem grande... cresceu*".

-"*Isto quer dizer que ela um dia foi pequena*"?

-"*Sim... quando ela veio*".

-"*Por favor, diga a ela que eu gostaria de falar com ela através de você*"... E ela fez que sim.

-"*Aranha... para que você está ai? O que você quer de bom para si mesma*"?

-"*Ela está se escondendo, não quer falar... se encolheu*".

-"*Hummm... sabe vou contar uma história. Você sabe que os Índios bem antigos tem um símbolo de proteção para as crianças, para os sonhos das crianças... para a tribo...*"

-"*Não sei... que símbolo*"? (e ela ouvia de olhos fechados com a mão na garganta, ainda

122

emocionada).

–"O símbolo de proteção deles é o "filtro dos sonhos"... representado por uma teia. Pois dizem que a teia funciona como um filtro e tudo o que é negativo ele purifica, como uma grande proteção".

–"Ela está dizendo que é isto... ela está ai para se proteger".

–"Muito obrigada pela informação. Agradeça a ela por mim. Gostaria de fazer amizade com ela, conhecê-la mais. Você poderia convidar imaginariamente ela a se sentar nesta cadeira aqui na frente para podermos conversar"?

–"Nossa... ela sentou, mas agora vejo que a aranha é uma pessoa. É minha sogra".

E começou a chorar convulsivamente... dei um tempo para ela esvaziar um pouco suas emoções. Quando se acalmou e pode falar sugeri que olhasse para a mulher a sua frente e conversasse com ela.

–Não consigo".

–"Quem poderia lhe ajudar"?

–"Deus".

–"Use o que você sabe para se conectar com Deus agora." E ela assim o fez.

– "Preciso de discernimento... Ah... já sei COMO falar com ela".

–"Isto. Pode ensaiar agora. Fale o que você precisa falar, o que sente, como se estivesse com ela daqui quatro dias".

–"Pronto. Falei tudo com sabedoria e ela ouviu. Ela também me falou várias coisas importantes. Preciso me manter assim confiante e mais distante para eu poder conversar com ela."

–"Muito bem. Agradeça! O que pode ser útil para lhe ajudar a fazer isto?"

–"Quero me manter conectada a Deus. E vou colocar uma luz branca ao redor dela... e sinto que preciso escrever o que preciso falar para ela, pois são tantas coisas que está vindo...".

–"Posso lhe ajudar?"

–"Sim, vou escrever e entregar para você ler... pode ser? Sabe estou bem aliviada. Minha garganta está livre."

–"Vou sugerir para você afirmar diariamente: –EU SOU discernimento e envolvo a mim e a todos na luz branca." E ela repetiu em voz alta.

–"Conhece o filtro dos sonhos?" Existem alguns belíssimos e dizem que não podemos comprar para nós, apenas presentear pessoas – esta é a tradição indígena. Como seria presentear a sua sogra com um lindo "filtro dos sonhos"?

–"Hum... pode ser uma boa ideia". E ela saiu sorrindo, tranquila e feliz.

Vânia Lúcia Slaviero

Na outra semana me falou que a conversa com a sogra foi muito especial. Usou a luz branca, as afirmações e presenteou-a com o "filtro dos sonhos". A sogra abraçou-a e conseguiram harmonizar toda a relação. Estão convivendo em paz.

Tantas histórias são contadas através de nossos sintomas que também tem uma história. Que as escolas reaprendam a contar histórias e dêem liberdade para os jovens, adultos... contarem as suas histórias. Muito se aprende... muito se ensina... e todos se libertam. A metáfora é a história da vida querendo passagem... com respeito e muito amor. Cada um traz em si a beleza de Ser... a mais bela poesia... a mais linda flor

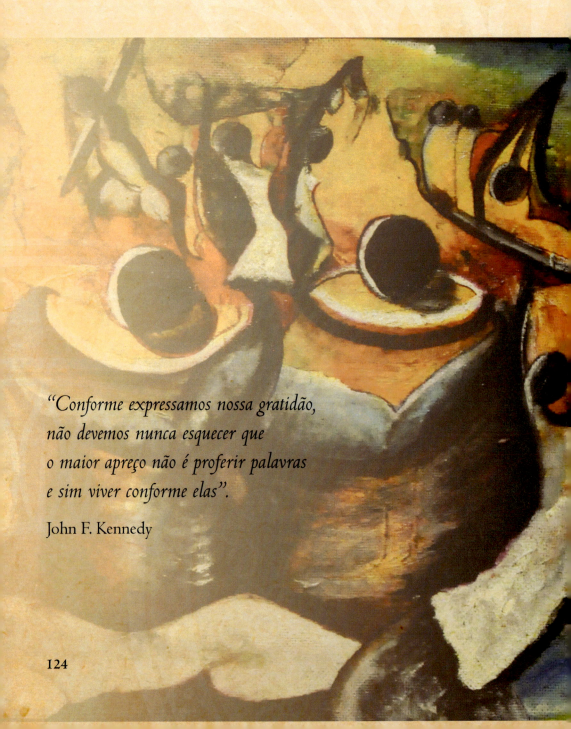

"Conforme expressamos nossa gratidão,
não devemos nunca esquecer que
o maior apreço não é proferir palavras
e sim viver conforme elas".

John F. Kennedy

CÍRCULO DE LUZ

A moça de 43 anos, no primeiro encontro, desabafa sem parar contando sua história. Buscava contar tudo em uma hora para me fazer entender seu sofrimento. Falava de sua relação amorosa com um rapaz e ao mesmo tempo sua relação familiar, detalhe por detalhe. Morava com os pais: o pai muito doente e sua mãe não querendo deixar ninguém cuidar dele a não ser ela e a filha. A voz da moça estava carregada, tensa e muito raivosa. Dizia: -"Quero começar minha vida, ter meu espaço... ter uma relação, mas não consigo".

Depois de muito falar, expressa com intensidade: -*"Parece que estou amarrada"*.

-*"Por favor, se puder feche seus olhos, sinta isto e me descreva esta sensação"*.

-*"Parece que estou toda amarrada e por todos os lados"*.

-*"Com o que ou como o que"?*

-*"É tipo uma teia bem fechada... apertada... como vários tentáculos. Parece um polvo que me segura"*.

-*"Sinta isto... e também agradeça a tudo o que está se apresentando"*. (pausa)

-*"Nossa... é minha mãe que está com os tentáculos me envolvendo"*. E se emocionou...

-*"Pergunte para ela o que ela quer de bom para você e para ela com esta atitude"*.

-*"Ela me quer para ela... porque ela tem medo de ficar só e quer que eu fique cuidando dela"*.

-*"Onde ela se apresenta, neste momento, aqui na sala"?*

-*"Ela está aqui a minha direita... atrás... dos lados. Nossa! Ela é um holograma. Está em todos os lados me cercando"*.

-*"Isto é bom"?*

-*"NÃO!!! Eu não quero mais isto na minha vida"*.

-*"Diga isto para ela"*.

-*"Mãe eu não posso mais fazer este papel... fiz a vida toda e preciso de um espaço para mim. Preciso me cuidar um pouco... mas saiba, mesmo que eu vá morar sozinha, nunca vou abandonar você e nem o pai. Vou continuar cuidando de vocês... vou estar perto. Só preciso de meu espaço para respirar e viver minha vida"*.

125

-"*Você sabe se ela tem alguém de confiança, um mentor, mestre ou um ancestral benevolente*"?

-"*Sim. A tia dela é falecida e os pais dela também. São pessoas que ela sempre fala que gosta e sente muita falta*".

-"*Com todo respeito pedimos permissão, e solicitamos quando possível que estejam com ela agora aqui, através do pensamento*".

-"*Eu vejo eles três fazendo um círculo de mãos dadas e ela indo dentro do círculo*".

-"*Muito bem*"...

-"*Mas ela ainda está ao meu redor... algumas dela já foram, mas nem todas*".

-"*Você pode ajudar usando sua respiração, suas mãos e sua voz de comando*"...

(e ela dava o comando e com suas mãos foi tirando das costas, dos lados e colocando no círculo dos ancestrais)

-"*Nossa! Agora veio a tia Maria... meus tios... meu pai pode ir também*"?

-"*Sim, se for confortável para ele*".

-"*Nossa, todos os ancestrais benevolentes estão ali fazendo um círculo ao redor dela, porque ela é uma mulher muito boa, guerreira, forte... ela merece*". E se emocionou.

-"*Muito bem... vá dizendo tudo isto para ela*"...

-"*Vejo uma luz ao redor dela... com todos. Isto é bom*"...

-"*Enquanto eles vão cuidando dela... observe se você quer e pode chamar também alguém de confiança que possa lhe ajudar neste momento também*"?

-"*Sim... o Dr. Leocádio José Correia a minha frente; Saint Germain à direita; Jesus atrás de mim e do meu lado esquerdo meu avô*".

-"*O que eles fazem*"?

-"*Estão me enviado muita Luz forte... branca e violeta. É muito bom... estou firme aqui no centro*".

-"*Ótimo! Daqui olhe para sua mãe agora, depois de ter recebido a ajuda, como ela está*"?

-"*Está bem e um pouco mais distante. Quero falar algo para ela*".
E chorando foi falando: -"*Mãe eu sinto muito - Me perdoe - Eu te perdoo - Eu me perdoo - Amo você e Sou grata por tudo*". E repetiu três vezes com convicção estas afirmações do *hooponopono*, que depois, ela disse que já conhecia.

-"*Mãe eu te liberto*". Chorou bastante. — "*Estou bem aliviada. Não tem mais nada me segurando*".

-*"Fique em pé e sinta esta conexão com seus mestres".*

E ela ficou firme em pé, de olhos fechados.

-*"Nossa, é bem forte o que estou sentindo. Muita energia em mim".*

E ela sorria dizendo: -*"Vejo a minha frente uma porta se abrindo... com muita luz e estou vendo a porta se abrir".* Ela disse.

-*"Quer ver o que tem ali"?* Sugeri.

-*"Hum... vejo meu futuro companheiro... me esperando para me dar um abraço".*

-*"Quer ir ate lá"?*

-*"Sim".* E deu um passo a frente e um abraço em si mesma. Chorou de emoção.

-*"Expresse o que está sentindo".*

-*"Eu decreto que eu MEREÇO ser livre e feliz".* Ela repetia forte, com a voz clara e agradável.

-*"Muito bom. Quando for o suficiente, volte para cá".* E ela retornou um passo e voltou.

-*"Eu determino que"...*

Abriu os olhos e disse sorrindo:

-*"Determino e acredito que estou PRONTA para minha NOVA vida".*

Na outra semana ela veio para o curso de PNL que está fazendo. E com um lindo sorriso me disse: -*"Sabe, saí com meus pais e disse uma coisa para minha mãe que não tenho o hábito de dizer. -Mãe... eu amo muito você. Percebi que ela ficou muito feliz. E senti que foi muito verdadeiro o que falei. Muito obrigada."* E me envolveu em um gostoso abraço.

Vânia Lúcia Slaviero.

"Coincidência é a forma de Deus se manter anônimo".

Einstein

COMO ESCREVER METÁFORAS QUE CURAM?

É como fazer um pão: Pegue os ingredientes que são as INFORMAÇÕES do momento (o cliente traz tudo - o terapeuta apenas registra e guia com muito *rapport*). Vá misturando organizadamente, cada ingrediente na sua vez, tendo o OBJETIVO CLARO de onde quer chegar: degustar juntos um gostoso e saudável pão na medida certa... para que o cliente saia satisfeito e nutrido devidamente.

Qual o objetivo de uma metáfora: O sabor do pão é definido na hora de colocar os ingredientes: despertar recursos, ensinar, brincar, aliviar dores, curar, descobrir talentos, ampliar o mapa de mundo, mostrar as incertezas da vida, impermanências, constantes transformações, é um mundo de infinitas possibilidades que desperta o autoconhecimento e a EVOLUÇÃO. As metáforas dentro da PNL são éticas e ecológicas, respeitando os VALORES essenciais da vida e o TEMPO NATURAL de cada um.

Faça analogias e isomorfismos, utilizando Linguagem Hipnótica Ericksoniana, muita criatividade, imaginação e ousadia. Ex: raiva é como um vulcão...

Analogias: Similaridade do sofrimento com o elemento escolhido (animal bravo, trovão, etc).

Isomorfismo: Similaridade entre os ingredientes da estória do cliente e os ingredientes de uma nova estória.

Diferentes contextos, mas mantendo o mesmo sentido. Em um momento especial da trama haverá um Sábio, ou Mestre, Ser de Confiança, Guru, Amigo, Elemento da Natureza, ou a própria Mente Sábia do cliente, que virá trazendo uma especial INFORMAÇÃO, com a intenção educativa e construtiva. Este Ser estimulará perguntas, aberturas para encontrar a solução satisfatória e ecológica. Ex: Como seria se... o que aconteceria se...

Exemplos de Similaridades:

-A paciência é como... um agricultor que sabe esperar a semente germinar.

-A raiva é como... um vulcão.

Exemplos de Similaridades segundo a Terapeuta Consuelo Casula:

-Um terapeuta é como... um mecânico que conserta o motor, mas não diz como dirigir o carro.

-Uma terapia é como... uma caçada ao tesouro.

-Uma convicção positiva é como... uma chave que abre todas as portas.

-Uma convicção limitativa é como... estar em um túnel e não enxergar sua saída.

-Um casal é como... dois pássaros que voam.

-A confiança é como... a poltrona preferida.

-Um conselho é como... uma bússola.

-Uma metáfora é como... um mapa.

A metáfora utiliza o "pensamento mágico", mas ela deve ser acreditável para ter um ótimo efeito.

O que é fundamental? Escolher bem o Protagonista da estória, que seja coerente. Ele vai enfrentar obstáculos e resolver sua questão com satisfação. Observe a FISIOLOGIA do cliente enquanto conta a metáfora. Fique bem calibrado. Se necessário mude o caminho da jornada.

Qual a Receita do Pão?

1. Questão do "cliente" a ser resolvida: dificuldade, desafio (sem interferência do guia).
2. Escolher o Contexto, Personagens e Protagonista da história.
3. O Protagonista tentou várias alternativas e não deu certo. (analogias, isomorfismos).
4. O Protagonista procura INFORMAÇÕES e recursos internos.
5. Encontra um Elemento Especial: Guia, Mentor etc. com Informação ÚTIL que o orienta, ou faz perguntas interessantes, auxiliando a encontrar uma solução construtiva.
6. Protagonista vai criando POSSIBILIDADES de resolução com sabedoria...
7. Até alcançar com satisfação o RESULTADO desejado.
8. Tarefa de casa: a pessoa levará seu "pão de minuto" para ser degustado diariamente como "gotas de sabedoria"... visualizações e afirmações como *flashes* de lucidez e CONSCIÊNCIA criativa.

Obs: Às vezes é necessário deixar o final da metáfora com uma abertura harmônica para a Mente Sábia ir alcançando as respostas ao longo dos dias... mesmo que "subconsciente".

Pergunte ao subconsciente o que ele quer e o que é o melhor em relação a questão... E deixe ele trazer a informação no tempo dele... Sem esperar a resposta. Assim você se surpreenderá. Confie!

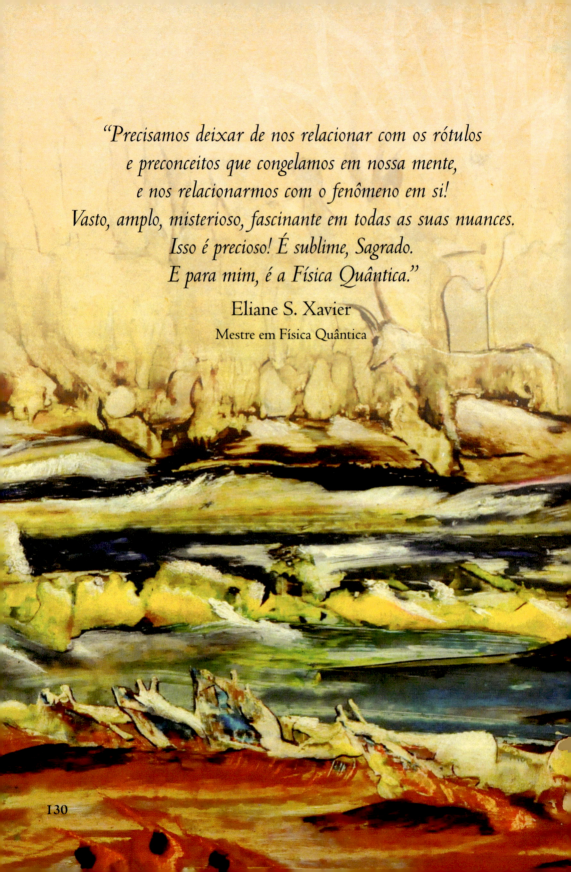

"Precisamos deixar de nos relacionar com os rótulos
e preconceitos que congelamos em nossa mente,
e nos relacionarmos com o fenômeno em si!
Vasto, amplo, misterioso, fascinante em todas as suas nuances.
Isso é precioso! É sublime, Sagrado.
E para mim, é a Física Quântica."

Eliane S. Xavier
Mestre em Física Quântica

Estratégias da Programação Neurolinguística Sistêmica "última geração" na construção das Metáforas

"Agora que vocês sabem estas coisas, felizes serão se as praticarem".
Jesus Cristo

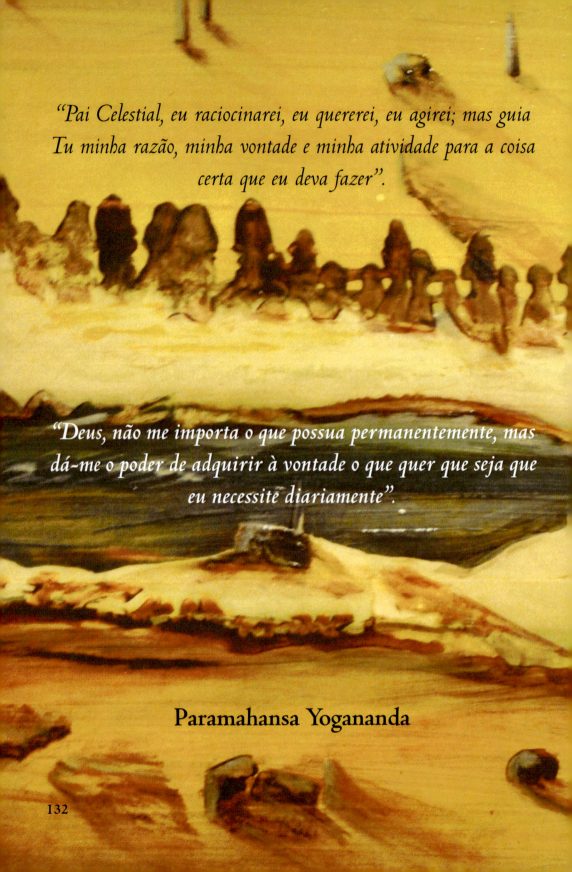

"Pai Celestial, eu raciocinarei, eu quererei, eu agirei; mas guia Tu minha razão, minha vontade e minha atividade para a coisa certa que eu deva fazer".

"Deus, não me importa o que possua permanentemente, mas dá-me o poder de adquirir à vontade o que quer que seja que eu necessite diariamente".

Paramahansa Yogananda

1. O MESTRE E A ARTE DOS MEIOS

OBJETIVO: Metáfora adequada para encerramento de cursos ou treinamentos.

ESTRATÉGIA APLICADA: Ressignificação e Pressupostos Básicos da PNL. (*)

(*) Ver livros: "El Libro Grande de La PNL" – Autor: Allan Santos Jr. – Rigden Edit – Espanha.

"Manual da Programação Neurolinguística" de Joseph O'Connor. Summus Editorial.

OBS: Dr Allan Ferraz Santos Jr nos ofereceu esta metáfora maravilhosa e buscamos na *internet* o nome do autor, mas não o encontramos. Quem souber, por favor, escreva-nos.

2. VIAGEM DIFERENTE -Vânia Lúcia Slaviero

OBJETIVO: Acessar a flexibilidade e criatividade pessoal, visando auxiliar a descoberta de novas possibilidades e alternativas de comportamentos em momentos de dificuldades.

ESTRATÉGIA APLICADA: Reestruturação em Seis Passos; Linguagem Hipnótica Ericksoniana. (*)

(*) Ver livro: "Resignificando"de Richard Bandler e John Grinder. Summus Editorial.

3. MARIA -Vânia Lúcia Slaviero

OBJETIVO: Mudança de Paradigma Cultural; Acessar Valores Essenciais e Despertar a Resiliência.

ESTRATÉGIA APLICADA: Posições Perceptivas - Níveis Neurológicos. (*)

(*) Ver livro: "Crenças" de Robert Dilts, Tim Hallbom e Suzi Smith. Summus Editorial.

4. CONQUISTANDO ESPAÇO -Vânia Lúcia Slaviero

OBJETIVOS: Motivação para Grupos e Famílias; Recomendado também para início de treinamentos; Auxilia na organização de metas e objetivos.

ESTRATÉGIA APLICADA: Um dos pressupostos da PNL: "Cada pessoa tem, mesmo que em potencial, todos os recursos que necessita para atingir seus objetivos." "Níveis Neurológicos" e "Boa Formulação de Objetivos". (*)

(*) Ver livros: "Crenças" de Robert Dilts, Tim Hallbom e Suzi Smith. Summus Editorial.

"El Libro Grande de La PNL" – Autor: Allan Santos Jr. – Rigden Edit – Espanha.

5. AZUL OU ROSA??? – Maura Loires Diniz

OBJETIVO: Aumentar a flexibilidade para perceber o mundo de diferentes maneiras e auxiliar a comunicação entre pessoas com diferentes percepções de mundo.

ESTRATÉGIA APLICADA: Pressuposto da PNL -"O mapa não é o território"; Posições Perceptivas; Ressignificação. (*)

(*) Ver livros: "PNL – A Nova Tecnologia do Sucesso" organizado por Steve Sandreas e Charles Faulkner. Editora Campus.

6. BAIRRO DO SOL -Vânia Lúcia Slaviero

OBJETIVO: Aprender a viver e desfrutar do Presente. Despertar a criatividade e Motivação para Qualidade de Vida em crianças e adolescentes.

ESTRATÉGIA APLICADA: Reestruturação em Seis Passos. (*)

(*) Ver livro: "Resignificando" de Richard Bandler e John Grinder. Summus Editorial.

7. DÓ SUSTENIDO -Vânia Lúcia Slaviero

OBJETIVO: Limpeza de bloqueios e traumas; Valorização da Autoestima.

ESTRATÉGIA APLICADA: Reimprint. (*)

(*) Ver livro: "Crenças" de Robert Dilts, Tim Hallbom e Suzi Smith. Summus Editorial.

8. A MENINA E O PASSARINHO – Murillo Cezar Cucatto

OBJETIVO: Ressignificar acontecimentos; Despertar valores essenciais e construtivos na educação.

ESTRATÉGIA APLICADA: Ressignificação. (*)

(*) Ver livro: "Resignificando" de Richard Bandler e John Grinder. Summus Editorial.

9. SAGRES -Vânia Lúcia Slaviero

OBJETIVO: Resolver conflitos interiores.

ESTRATÉGIA APLICADA: *Squash Visual* - Integração de polaridades. (*)

(*) Ver livro: "Crenças" de Robert Dilts, Tim Hallbom e Suzi Smith. Summus Editorial.

10. MINHA HISTÓRIA DE AMOR -Vânia Lúcia Slaviero

OBJETIVO: Pertencimento. Acessar recursos e valores essenciais interiores.

ESTRATÉGIA APLICADA: Submodalidades e Alinhamento de Níveis Neurológicos. (*)

(*) Ver livros: "Crenças" de Robert Dilts, Tim Hallbom e Suzi Smith. Summus Editorial.

"Know-How" de Leslie Cameron Bandler – David Gordon – Michael Lebeau. Summus Editorial.

11. ALÉM DO HORIZONTE -Vânia Lúcia Slaviero

OBJETIVO: Resgatar a utilidade e a missão pessoal. Proporcionar serenidade interior diante dos desafios do dia-a-dia.

ESTRATÉGIA APLICADA: Alinhamento de Níveis Neurológicos. (*)

(*) Ver livro: "Crenças" de Robert Dilts, Tim Hallbom e Suzi Smith. Summus Editorial.

12. MEU PEQUENO MUNDO DIFERENTE – Eliane Valore de Siqueira

OBJETIVO: Ampliar a Consciência e Ressignificar. Reflexão sobre Relacionamentos Amorosos.

ESTRATÉGIA APLICADA: Pressupostos da PNL -"O mapa não é o território"; Ressignificação e Alinhamento de Níveis Neurológicos. (*)

(*) Ver livros: "Amor, Medicina e Milagres" de Bernie S. Siegel M.D. Editora Best Seller.

"Poder sem Limites" de Anthony Robbins. Editora Best Seller.

13. VIAJANDO NO TEMPO -Vânia Lúcia Slaviero

OBJETIVO: Localizar a Linha do Tempo e aperfeiçoar a História de Vida Pessoal.

ESTRATÉGIA APLICADA: Mudança de História Pessoal usando Linha de Tempo; Linguagem Hipnótica Ericksoniana. (*)

(*) Ver livros: "Transformando-se" de Steve & Andreas Connereas. Summus Editorial.

"Criando seu Futuro com Sucesso" de Tad James. Editora Ekos.

14. MISSÃO -Vânia Lúcia Slaviero

OBJETIVO: Despertar na Educação, valores de: ecologia, respeito, amorosidade e solidariedade.

ESTRATÉGIA APLICADA: Pressuposto da Programação Neurolinguística: "Todo Comportamento tem uma Intenção Positiva" e Níveis Neurológicos. (*)

(*) Ver livro: "Crenças" de Robert Dilts, Tim Hallbom e Suzi Smith. Summus Editorial.

15. CONFLITOS DE UMA INFÂNCIA -Vânia Lúcia Slaviero

OBJETIVO: Solucionar conflitos internos em crianças e adolescentes.

ESTRATÉGIA APLICADA: *Squash*: Resolução de Conflitos. (*)

(*) Ver livro: "Manual da Programação Neurolinguística" de Joseph O`Connor . Summus Editorial.

16. SIRENE CORPORAL -Vânia Lúcia Slaviero

OBJETIVO: Saúde: Aprender a se autoconhecer; escutar e decodificar os sinais orgânicos.

ESTRATÉGIA APLICADA: Pressupostos da PNL: "Todo comportamento tem uma intenção positiva." "Corpo e mente são partes do mesmo sistema". "É impossível NÃO se comunicar". "O significado da comunicação é a reação que se obtém". "As pessoas sempre fazem a melhor escolha disponível para elas". "Se o que você está fazendo não está funcionando, faça outra coisa".

(*) Ver livro: "Introdução à Programação Neurolinguística" de Joseph O`Connor e John Seymour. Summus Editorial

17 . ERA UMA VEZ UM GATINHO -Vânia Lúcia Slaviero

OBJETIVO: Solucionar conflitos internos em todas idades.

ESTRATÉGIA APLICADA: *Squash*: Resolução de Conflitos e *Rapport*. (*)

(*) Ver livros: "De Bem com a Vida - Caminhos da Programação Neurolinguística e Consciência Corporal" de Vânia Lúcia Slaviero e "Introdução à Programação Neurolinguística" de Joseph O`Connor e John Seymour. Summus Editorial.

18. PENSAMENTOS SÃO COMO NUVENS -Vânia Lúcia Slaviero

OBJETIVO: Conscientizar como a mente funciona e a participação que todos têm em sua própria realidade.

ESTRATÉGIA APLICADA: Pressupostos da PNL: -"As experiências possuem uma estrutura". "Corpo e mente são partes do mesmo sistema". (*)

(*) Ver livro: "Usando sua Mente" de Richard Bandler. Summus Editorial.

19. O SONHO DO PRÍNCIPE -Vânia Lúcia Slaviero

OBJETIVO: Despertar a Consciência para o poder das Palavras e como as mesmas são proferidas.

ESTRATÉGIA APLICADA: Intenção e Comunicação: Merabhian (7% na Comunicação são palavras (conteúdos); 38% Como falo: Tom de Voz; e 55% é a Expressão corporal. (*)

(*) Ver livro: "De Bem com a Vida na Escola" de Vânia Lúcia Slaviero. Editora Ground.

20. EU SOU UM CAVALO -"metáfora ativista para consciência planetária" -Vânia Lúcia Slaviero

OBJETIVO: Despertar a Consciência Social e Ecológica.

ESTRATÉGIA APLICADA: Níveis Neurológicos e Ressignificação. (*)

(*) Ver livro: "Manual da Programação Neurolinguística" de Joseph O`Connor. Summus Editorial.

21. TOPÁZIO ROSA -Vânia Lúcia Slaviero

OBJETIVO: Mudança de posição perceptiva. Despertar atitude de resiliência e flexibilidade interior.

ESTRATÉGIA APLICADA: Ressignificação. (*)

(*) Ver livros: "Resignificando" de Richard Bandler e John Grinder. Summus Editorial.

"A Estrutura da Magia" de Richard Bandler e John Grinder. Editora Guanabara.

"Transformação Essencial -Atingindo a nascente interior" de Connirae Andreas e Tamara Andreas. Summus Editorial.

22. QUEM SOU EU? -Vânia Lúcia Slaviero

OBJETIVO: Resgatar a alegria de viver e autoestima.

ESTRATÉGIA APLICADA: Mudança de Submodalidades, Alinhamento de Níveis Neurológicos. (*)

(*) Ver livros: "Crenças" de Robert Dilts, Tim Hallbom e Suzi Smith. Summus Editorial. "Usando sua Mente" de Richard Bandler. Summus Editorial

23. A PROFESSORA E A FORMIGA -Vânia Lúcia Slaviero

OBJETIVO: Desenvolver valores essenciais: autosustentáveis, ecológicos e humanísticos.

ESTRATÉGIA APLICADA: Posições Perceptivas; Crenças; Pressupostos: "As pessoas respondem às suas percepções de realidade". "O todo está na parte a parte está no todo": Os processos que ocorrem em um indivíduo, e entre ele e seu ambiente, são sistêmicos. Nosso corpo, nossas sociedades e nosso universo formam um conjunto de sistemas e subsistemas ecológicos interagindo entre si e influenciando-se mutuamente". (*)

(*) Ver livros: "Crenças" de Robert Dilts, Tim Hallbom e Suzi Smith. Summus Editorial.

24. GATO E CACHORRO -Vânia Lúcia Slaviero

OBJETIVO: Auxiliar na resolução de conflitos para crianças com pais separados.

ESTRATÉGIA APLICADA: Ressignificação. (*)

(*) Ver livro: "Resignificando" de Richard Bandler e John Grinder. Summus Editorial.

25. O CONSELHO DO MONGE -Vânia Lúcia Slaviero

OBJETIVO: Despertar a Consciência: Quem sou? O que faço? Para que faço? Quais são meus resultados? Praticar valores essenciais respeitando os valores sociais. Livre Arbítrio.

ESTRATÉGIA APLICADA: Pressupostos da PNL: -"Não existem fracassos, apenas resultados." "As pessoas sempre fazem a melhor escolha disponível para elas". "Se o que você está fazendo não está funcionando, faça outra coisa". (*)

(*) Ver livro: "Introdução à Programação Neurolinguística" de Joseph O`Connor e John Seymour. Summus Editorial.

26. JESSIE – Shely Pazzini

OBJETIVO: Reflexão sobre o automatismo do dia-a-dia e a busca do Essencial.

ESTRATÉGIA APLICADA: Pressupostos da PNL: -"Não existem fracassos, apenas resultados." "As pessoas sempre fazem a melhor escolha disponível para elas". "Se o que você está fazendo não está funcionando, faça outra coisa". (*)

(*) Ver livro: "Introdução à Programação Neurolinguística" de Joseph O`Connor e John Seymour. Summus Editorial.

27. A CARAVELA – Roberto de Oliveira

OBJETIVO: Conscientizar Processos de Resiliência em Lideranças.

ESTRATÉGIA APLICADA: Squash Visual e Linha do tempo. (*)

(*) Ver livro: "A Essência da Mente" de Steve Andreas e Connirae Andreas. Summus Editorial.

OBS: Esta metáfora foi escrita para a professora Vânia Lucia Slaviero, na formação de PNL.

28. ERA UMA VEZ UM PESCADOR -Vânia Lúcia Slaviero

OBJETIVO: Resgatar a criatividade e o potencial interior para resolver os desafios do dia-a-dia; melhorar a autoestima - Encontrar em si o Sábio interior.

ESTRATÉGIA APLICADA: Reestruturação em Seis Passos e Linguagem Hipnótica Ericksoniana. (*)

(*) Ver livros: "Resignificando" de Richard Bandler e John Grinder. Summus Editorial.

"Terapia não-convencional -Técnicas de Milton Erickson" de Jay Haley. Summus Editorial.

29. ONDE ESTÁ O CÉU? -Vânia Lúcia Slaviero

OBJETIVO: Explicar para as crianças de forma acessível e harmoniosa a ideia de céu, inferno e Deus.

ESTRATÉGIA APLICADA: Posições Perceptivas e Ressignificação. (*)

(*) Ver livro: "Resignificando" de Richard Bandler e John Grinder. Summus Editorial.

30. A BISAVÓ -Vânia Lúcia Slaviero

OBJETIVO: Aprender a respeitar o tempo de cada um, sem invadir o território do outro.

ESTRATÉGIA APLICADA: Pressuposto da PNL -"O mapa não é o território" e Posições Perceptivas. (*)

(*) Ver livro: "Manual da Programação Neurolinguística" de Joseph O`Connor. Summus Editorial.

31. ÔNIBUS AZUL -Jane Appel

OBJETIVO: Melhorar a autoestima e buscar um sentido para a vida.

ESTRATÉGIA APLICADA: Ressignificação e Níveis Neurológicos. (*)

(*) Ver livro: "Manual da Programação Neurolinguística" de Joseph O`Connor. Summus Editorial.

32. O CAMINHO DE VOLTA PARA CASA - Gideão Ferreira

OBJETIVO: Reflexão sobre a habilidade de manter a mente no Presente. Encontrar em si os recursos que necessita para alcançar os objetivos.

ESTRATÉGIA APLICADA: Meditação -T.O.T.S. e Pressupostos da PNL: -"Se o que você está fazendo para alcançar um objetivo não está funcionando, busque outros caminhos". (*)

(*) Ver livro: "Introdução à Programação Neurolinguística" de Joseph O`Connor e John Seymour. Summus Editorial.

33. A TEIMOSIA DA MOSCA -Vânia Lúcia Slaviero

OBJETIVO: Despertar a flexibilidade para mudança de comportamentos. Resiliência.

ESTRATÉGIA APLICADA: T.O.T.S. e Pressupostos da PNL: -"Não existem fracassos, apenas resultados." "Se o que você está fazendo não está funcionando, faça outra coisa". (*)

(*) Ver livro: "Manual da Programação Neurolinguística" de Joseph O`Connor. Summus Editorial.

34. ACONCHEGO ESPECIAL -Vânia Lúcia Slaviero

OBJETIVO: Reflexão sobre relacionamentos amorosos e crises conjugais.

ESTRATÉGIA APLICADA: Pressupostos da PNL: -"Não existem fracassos, apenas resultados."-"As pessoas sempre fazem a melhor escolha disponível para elas". (*)

(*) Ver livros: "Soluções" Leslie Cameron Bandler. Summus Editorial.

35. DONA LAGARTIXA... XA -Vânia Lúcia Slaviero

OBJETIVO: Auto estima. Valorização e Descoberta da utilidade pessoal.

ESTRATÉGIA APLICADA: Posições Perceptivas -Ressignificação -Pressupostos da PNL: -"O mapa não é o território"-"Todo comportamento por mais bizarro que seja é útil em algum contexto". "As pessoas já possuem todos os recursos de que necessitam". (*)

(*) Ver livro: "O Refém Emocional" - Leslie Cameron Bandler e Michael Lebeau. Summus Editorial.

36. TRANS...FORM*AÇÃO* -Vânia Lúcia Slaviero

OBJETIVO: Ampliar o sentido das transformações naturais, inclusive uma nova maneira de interpretar os ciclos e as fases do viver e morrer.

ESTRATÉGIA APLICADA: Ressignificação, Posições Perceptivas. (*)

(*) Ver livros: "Manual da Programação Neurolinguística" de Joseph O`Connor e "Usando a Sua Mente" de Richard Bandler. Summus Editorial.

37. A BORBOLETA DE DUAS CABEÇAS -Vânia Lúcia Slaviero

OBJETIVO: Despertar atitudes e valores essenciais como: bondade, amizade, compaixão, solidariedade e alegria.

ESTRATÉGIA APLICADA: Ressignificação, Pressupostos da PNL, Posições Perceptivas, Linguagem Hipnótica e Metáforas na PNL. (*)

(*) Ver livros: "Manual da Programação Neurolinguística" de Joseph O`Connor. Summus Editorial.

"A Essência da Mente" de Steve Andreas e Connirae Andreas. Summus Editorial.

38. PEDAGOGIA AFETIVA -Vânia Lúcia Slaviero

OBJETIVO: Ressignificação e Reflexão sobre o Afeto e Sexo na Educação.

ESTRATÉGIA APLICADA: Ressignificação. (*)

(*) Ver livro: "Sapos em Príncipes" de Jhon Grinder e Richard Bandler. Summus Editorial.

39. DISCUTINDO A RELAÇÃO -Vânia Lúcia Slaviero

OBJETIVO: Auto-análise buscando o Aperfeiçoando nos Relacionamentos Conjugais.

ESTRATÉGIA APLICADA: Linguagem Hipnótica e Metáforas na PNL. (*)

(*) Ver livros: "Resignificando" de Richard Bandler e John Grinder. Summus Editorial.

"Terapia não-convencional -Técnicas de Milton Erickson" de Jay Haley. Summus Editorial.

Nesta Jornada de Autoconhecimento utilizamos muitos instrumentos: Exercícios da Programação Neurolinguística Sistêmica ensinados no Practitioner, Master e Trainer; E.F.T. Emocional Freedom Techniques; H.Q.E. Homeostase Quântica da Essência; Hipnose Ericksoniana; Meditação e Hatha Yoga; Bhástrika e Dirgha Pranayama; Massagem; Visualizações Criativas; Expressão Corporal; Cromoterapia; Contato com a Natureza, entre outros instrumentos auxiliando para que o cliente acesse a sua própria "INFORMAÇÃO" para o resgate da Libertação, Cura, Amor e Transcendência.

Vânia Lúcia Slaviero

"Podemos mudar a nossa mente, mudar nossa paisagem mental, meditar, quebrar condicionamentos, mudar a perspectiva e verificar na prática como as infinitas possibilidades estão o tempo todo à nossa disposição, e como podemos acessá-las de modo mais fácil e simples do que imaginamos. O primeiro passo é tomar consciência delas, que estão presentes e disponíveis a todo momento."

Eliane S. Xavier - Mestre em Física Quântica

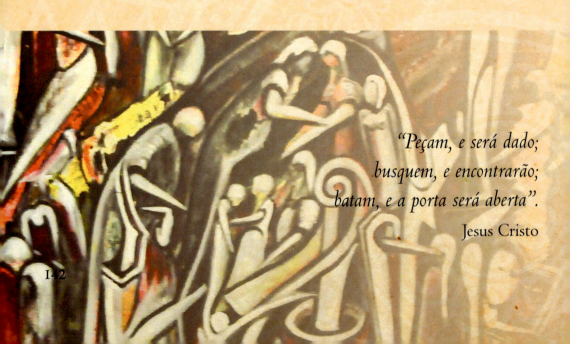

"Peçam, e será dado; busquem, e encontrarão; batam, e a porta será aberta".

Jesus Cristo

AUTORA

<u>Vânia Lúcia Slaviero</u>: Presidente e Coordenadora Geral das Pós-Graduações do Instituto Educacional de Bem Com a Vida - Parceria com a Faculdade ISULPAR; Pedagoga e Biopsicóloga; Pós-Graduada em Programação Neurolinguística Sistêmica com Qualidade de Vida; Pós em Yoga Pedagógico com Neuroaprendizagem; Pós em Antroposofia com Bases para a Saúde; Pós em Master/ Trainer em PNL e a Arte da Comunicação; Formada em World Health Community (NLP Universyt USA - Robert Dilts); Especialista em Morfo Análise e Consciência Corporal - MARP (Marseile-França); Psych-k; Danças Circulares Sagradas; Método Ivaldo Bertazo; Hipnose Ericksoniana, entre outros.

Palestrante e *Trainee* em Empresas e Instituições Educacionais.

Autora de Livros, DVD's e CD's em Qualidade de Vida e Administração do Estresse.

Consultorias com horário marcado "Presencial ou on-line".
41-3015-4836 | 41-9903-8519

Vânia Lúcia Slaviero e Equipe De Bem Com a Vida.

www.educacionaldebemcomavida.com.br

instituto@educacionaldebemcomavida.com.br

vanialuciaslaviero@gmail.com

"Tudo é considerado impossível...
até acontecer".
Nelson Mandela

Muito Obrigado...
Muito Obrigada!
Quem aprende a agradecer encontra
a chave mágica da abundância.
Agradeça o ar... o corpo... o pensamento...
Os sentidos... o Sentido.
Gratidão pela vida... pela dor que ensina...
pelo prazer sem medida.
Atravesse a Ponte que liga o coração...
a mente... a alma... à vida...
e sonhe seus mais profundos sonhos".
Vânia Lúcia Slaviero

AUTORES CONVIDADOS

Allan Santos Ferraz Jr (meu primeiro Mestre de PNL): Médico Psiquiatra e Pediatra - por volta de 1980 começou como treinador e promotor da PNL no Brasil e Espanha, tendo sido treinado por John Grinder, Richard Bandler, Robert Dilts, Todd Epstein, Steve Gilligan, Judith DeLozier e Steve Andreas. É membro da Associação Internacional de PNL, Master Trainer e Afiliado Master Trainer da Universidade de PNL, treinador do ITA (Associação dos instrutores internacionais de John Grinder, e Michael Carroll Bostic) e Membro Honorário da AEPNL.

Daniel Sales: Pós-Graduação em Yoga Pedagógico com Neuroaprendizagem - Practitioner em Programação Neurolinguística Sistêmica. É Professor nas Pós-Graduações do Instituto Educacional De Bem Com a Vida.

Eliane Valore de Siqueira: Pedagoga - Pós-Graduação em Yoga Pedagógico com Neuroaprendizagem - Practitioner em Programação Neurolinguística Sistêmica. É Professora nas Pós-Graduações do Instituto Educacional De Bem Com a Vida.

Eliane Pereira Serra Xavier: Licenciatura Plena em Física e Matemática pela Fundação Educacional D. André Arcoverde (RJ) - Practitioner em Programação Neurolinguística Sistêmica; Especialista em Ensino de Física pela UFRJ; Pós-graduada em Matemática pelo IMPA (Instituto de Matemática Pura e Aplicada -RJ); Mestre em Física Teórica na área de Mecânica Quântica pela UFPR; Mestre em Física Quântica e praticante budista aluna do Lama Samten desde 2004. Atualmente é facilitadora de práticas de meditação e ministra cursos e palestras dos temas ciência, espiritualidade, consciência e qualidade de vida.

Guenther Schreiber Junior: Empresário - Pós-Graduação em Master Practitioner em Programação Neurolinguística.

Iracema Stancati Rodrigues: Pedagoga - Pós-Graduação em Practitioner em Programação Neurolinguística; Contadora de Histórias.

Jane Appel: Pedagoga – Master Trainer em Programação Neurolinguística - Coach; Professora nas Pós-Graduações do Instituto Educacional De Bem Com a Vida.

José Augusto Cunha: Graduado em Biologia pela UFPR - Mestre em Ciências Biológicas – UFPR; Especialista em Yoga Pedagógico e Neuroaprendizagem – Especialista em Biopsicologia e Especialista em Programação Neurolinguística com Qualidade de Vida. Professor nas Pós-Graduações do Instituto Educacional De Bem Com a Vida.

Luiza Varisco: Nutricionista Clínica com ênfase em Nutrição Funcional e Bioterapeuta com especialização em Terapia Floral (Sistemas: Bach, Califórnia, Austrália, Pacífico e Minas), Reiki, Cromoterapia, Fitoterapia, e Especialista em Programação Neurolinguística com Qualidade de Vida. Professora nas Pós-Graduações do Instituto Educacional De Bem Com a Vida.

Maura Loires Diniz: Psicóloga – Master Practitioner em PNL – e Escritora.

Murillo Cezar Cucatto: Psicoterapeuta – Pós-Graduação em Master Practitioner em Programação Neurolinguística; Master em Hipnose Clínica, Formação em Hipnose Condicionativa e Regressão. Professor nas Pós-Graduações do Instituto Educacional De Bem Com a Vida.

Orteniz Pazzini: Empresário e Artista Plástico (autor dos quadros fotografados e colocados neste livro). Site: Ortenizpazzini.wix.com/ortenizpazzini

Roberto Oliveira: Graduado em Gestão de Processos Gerencias, Pós-Graduação em Master Trainer em Programação Neurolinguística; Formado em Coaching, Formação em Consultoria – Sociesc Tupy e Empretec 2009 – Sebrae; Formação Internacional em Hipnologia, Analista Transacional AT 101. Professor nas Pós-Graduações do Instituto Educacional De Bem Com a Vida.

Rosangili Monteiro Zanardini: Psicóloga e Pós-Graduação em Master Practitioner em Programação Neurolinguística Sistêmica. Professora nas Pós-Graduações do Instituto Educacional De Bem Com a Vida.

Shely Pazzini: Bióloga e Empresária – Pós-Graduada em Practitioner em Programação Neurolinguística com Qualidade de Vida; Pós-Graduada em Yoga Pedagógico com Neuroaprendizagem; Professora de Yoga e Trapézio Circense.

Referências Bibliográficas

- "A Borboleta de Duas Cabeças" de Vânia Lúcia Slaviero, Ilustração Roberto Sabatella Adam. Editora Lastro.

- "A Essência da Mente" de Steve Andreas e Connirae Andreas. Summus Editorial.

- "A Estrutura da Magia" de Richard Bandler e John Grinder. Editora Guanabara.

- "Amor, Medicina e Milagres" de Bernie S.Siegel M.D. Editora Best Seller.

- "Crenças" de Robert Dilts, Tim Hallbom e Suzi Smith. Summus Editorial.

- "De Bem com a Vida - Caminhos da Programação Neurolinguística e Consciência Corporal" de Vânia Lúcia Slaviero. CEFET.

- "De Bem Com a Vida na Escola" de Vânia Lúcia Slaviero - Editora Ground, 2004.

- "El Libro Grande de La PNL" – Autor: Allan Santos Jr. – Rigden Edit – Espanha.

- "Eutonia e Relaxamento" de G. Brieghel e Müller - Editora Manole Ltda.

- "Introdução à Programação Neurolinguística" de Joseph O`Connor e John Seymour. Summus Editorial.

- "Know-How" de Leslie Cameron Bandler – David Gordon – Michael Lebeau. Summus Editorial.

- "Metáforas: Para a Evolução Pessoal e Profissional" de Consuelo C. Casula. Qualitymark.

- "Metáforas" de Maura Loires Diniz e Vânia Lúcia Slaviero. Editora Lastro.

- "Manual da Programação Neurolinguística" de Joseph O'Connor - Summus Editorial.

- "O Refém Emocional" de Leslie Cameron Bandler e Michael Lebeau. Summus Editorial.

- "PNL – A Nova Tecnologia do Sucesso" de Steve Sandreas e Charles Faulkner. Editora Campus.

- "Poder sem Limites" de Anthony Robbins. Editora Best Seller.

- "Relaxe e Viva Feliz" de Haroldo J. Rahm e Núbia França. Editora Loyola.

- "Resignificando" de Richard Bandler e John Grinder. Summus Editorial.

- "Sapos em Príncipes" de Jhon Grinder e Richard Bandler. Summus Editorial.

- "Soluções" de Leslie Cameron Bandler. Summus Editorial.

- "Terapia não-convencional -Técnicas de Milton Erickson" de Jay Haley. Summus Editorial.

- "Transformação Essencial - Atingindo a nascente interior" de Connirae Andreas e Tamara Andreas. Summus Editorial.

- "Usando sua Mente" de Richard Bandler. Summus Editorial.

- Para calibrar a voz com um tom adequado utilizando a linguagem hipnótica, sugerimos:

- "CDS de Relaxamento Conduzidos" Volumes: 1, 2 e 3: Por Vânia Lúcia Slaviero e Alexandre Magno Farias Oliveira – PR-Brasil.